DÉCORS & CRÉATIONS

PERLES

DÉCORS & CRÉATIONS

PERLES

ISABEL STANLEY

PHOTOGRAPHIES DE PETER WILLIAMS

L'édition originale de ce livre
a été réalisée par Lorenz Books,
une marque Anness Publishing Ltd.

Éditeur : Joanna Lorenz
Directeur de publication : Lindsay Porter
Concepteur : Lilian Lindblom
Styliste : Georgina Rhodes
Illustrateurs : Madeleine David et Vana Haggerty

Pour l'édition française
Traduction / Adaptation : Hélène Nicolas
Mise en pages : Sylvie Chambadal
Réalisation : Atelier Gérard Finel, Paris.

ISBN 2-7434-1275-5
Imprimé à Hong Kong / Chine

Sommaire

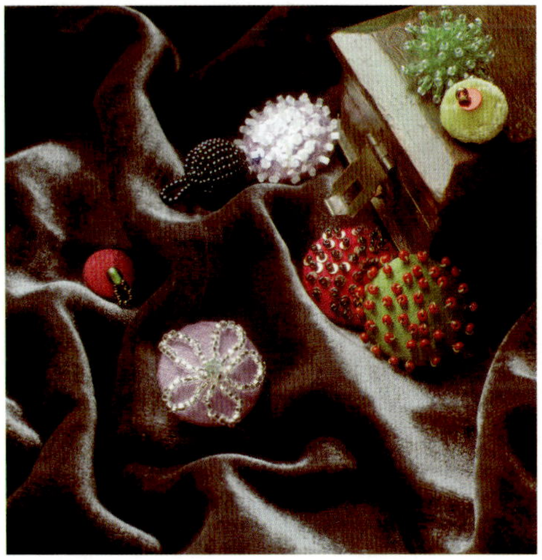

Introduction

Les perles sont des objets décoratifs simples, généralement ronds, percés en leur centre. Il en existe de toutes tailles et de toutes formes, de matières diverses, aussi belles à regarder qu'agréables à toucher. Brillant de mille feux ou scintillant doucement, elles donnent du poids et de la profondeur à tout ce qu'elles décorent. Les premières « perles » étaient en matières naturelles : coquilles, plumes, graines, os et bois. Nos ancêtres les appréciaient pour leur beauté et les considéraient comme des talismans dotés de pouvoirs magiques. Les perles étaient cousues aux bords des vêtements et des couvertures pour en accentuer les qualités protectrices. Les matières réfléchissantes, comme le mica, l'argent ou le laiton, étaient supposées repousser le mauvais œil. Peu à peu, le marché des perles se développa, grâce à l'évolution des techniques et à l'emploi de nouvelles matières.

À gauche : les perles sont susceptibles d'illuminer et de colorer presque n'importe quel objet. Elles peuvent être en bois, en métal, en plastique ou même en pierres semi-précieuses.

HISTOIRE DES PERLES

D'UN POINT DE VUE HISTORIQUE, LE RÔLE DES PERLES DANS LA SOCIÉTÉ A TOUJOURS ÉTÉ DÉCORATIF MAIS AUSSI CULTUREL. CERTAINS HISTORIENS VOIENT EN ELLES LE REFLET DES CONDITIONS ÉCONOMIQUES, RELIGIEUSES ET MÊME SOCIALES D'UNE ÉPOQUE. LES PERLES ET TOUTES LES CRÉATIONS RÉALISÉES AVEC DES PERLES ÉVOLUENT CONSTAMMENT, AU RYTHME DE LA MODE ET DES PROGRÈS TECHNIQUES.

Dès le XVe siècle, les perles constituaient une monnaie d'échange importante : les explorateurs les offraient aux peuples indigènes d'Amérique du Nord pour obtenir leur amitié et leur confiance. Le commerce entre les Américains de souche et les marchands européens se développa, ces derniers échangeant des perles et des aiguilles en acier contre des peaux. Les perles de verre importées remplacèrent celles en os ou en coquillages produites localement et cousues aux peaux avec des poils d'élan à l'aide d'épines de porc-épic. En Amérique, les Indiens adoptèrent les motifs floraux des Européens et les mêlèrent à leurs motifs traditionnels pour réaliser des mocassins, des étuis à pipe et des jupes magnifiques.

Les perles industrielles furent introduites en Afrique au XVe siècle par des Asiatiques et des Européens. Les pistes des caravanes permettaient d'apporter cette marchandise facilement transportable jusqu'au cœur du continent. Les marchands échangeaient leurs perles de verre contre de l'ivoire, des peaux et même des esclaves. Les perles les plus rares et les plus précieuses furent vite très prisées, symboles de la richesse et du rang de leur possesseur. Elles avaient une telle connotation sociale que certaines d'entre elles étaient réservées aux personnalités. L'utilisation des perles était régie par un code vestimentaire précis. Les combinaisons et les motifs ainsi que leur emplacement indiquaient le mariage ou le célibat, la jeunesse ou la vieillesse, la réussite personnelle, le lieu de naissance ou le village d'un individu. Certains costumes ornés de motifs complexes avaient des significations particulières et ne pouvaient être portés que par les participants à des cérémonies, des mariages et des rites initiatiques.

Les Bantous d'Afrique du Sud sont connus pour leur savoir-faire. Hommes et femmes portaient des colliers, des bandeaux, des ceintures, des bracelets et des anneaux de cheville confectionnés avec d'étroites bandes de perles tissées et des cordes perlées portées sur des peaux et des fourrures. Les ceintures, tabliers, manteaux et chapeaux chargés de perles indiquaient le rang des femmes qui les arboraient. Quand elles étaient loin de chez elles, les jeunes femmes envoyaient des messages codés à leurs bien-aimés en confectionnant des motifs avec des perles de différentes couleurs.

Ci-dessus : large ceinture, mocassins et sac indiens d'Amérique du Nord couverts de perles. Les marchands européens apportèrent en Amérique de précieuses perles de verre en guise de monnaie d'échange. Leurs interlocuteurs les acceptèrent avec enthousiasme et les intégrèrent à leurs traditions artistiques.

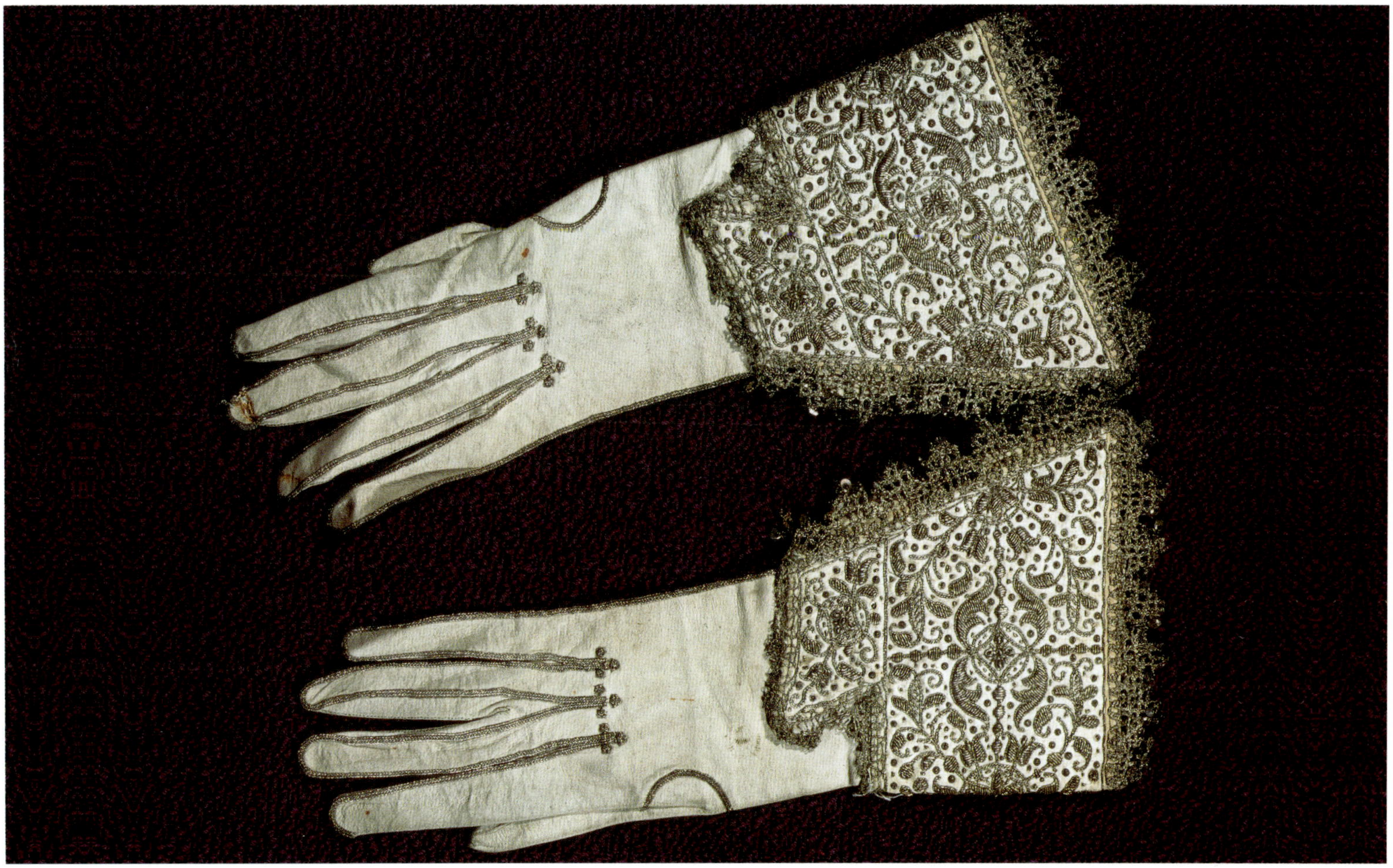

Ci-dessus : gants de chevreau blanc brodés de fil argenté et de sequins, datant du milieu du XVIIe siècle. Ces accessoires très luxueux indiquaient à la fois la richesse et l'oisiveté.

Dans l'Angleterre du Moyen Âge, le port de perles et de broderies avait une fonction cérémonielle. Les premières perles fabriquées en série étaient en matières coûteuses, en pierres précieuses ou semi-précieuses. Seuls les nobles ou les gens d'Église étaient assez riches pour les acquérir. Pendant l'*opus anglicum*, première grande période de la broderie anglaise, ces perles étaient fixées sur de précieuses étoffes par des brodeuses professionnelles.

Des vêtements sacerdotaux raffinés et lourds étaient brodés de perles fines et de coraux enfilés sur des fils métalliques. Ils devaient être magnifiques quand ils brillaient et miroitaient à la lueur des cierges. Les perles étaient si précieuses que, lors du déclin de l'Église, elles furent récupérées pour être réutilisées. Au début du XVIe siècle, certaines de ces pierres furent montées sur les costumes extravagants portés à la cour. La décoration perlée connut une nouvelle ère de succès. Des couturières professionnelles itinérantes créèrent des costumes fabuleux ornés d'épaisses broderies et chargés de perles, paillettes, sequins et coraux. Ces costumes peu pratiques témoignaient du rang de ceux qui les portaient et leur imposaient une cohorte de serviteurs car il leur était impossible de se vêtir ou de se dévêtir seuls. Au milieu du XVIIe siècle, on encouragea les jeunes filles à développer leur habileté aux travaux d'aiguille et à la décoration perlée en intégrant à leur « éducation » la confection de coffrets à bijoux en tissu, brodés, en relief ou matelassés, en soie ou en laine, ornés de petites perles de verre, de paillettes et de mica. Ces magnifiques coffrets représentaient des maisons avec leurs habitants richement vêtus et leurs immenses jardins. Ces jardins abondaient en fleurs, en arbres et en plantes exotiques, parfois en relief, confectionnés en enfilant des perles sur des fils métalliques auxquels on donnait la forme désirée. Leurs proportions insolites sont dues

au fait qu'ils n'étaient pas observés grandeur nature mais copiés d'après des illustrations.
Au cours du XIXe siècle, la broderie et le travail des perles se répandit chez les femmes des classes aisées et moyennes. Ces paisibles activités occupaient les femmes riches qui n'avaient pas besoin de travailler et les objets qui en résultaient révélaient non seulement le statut de celle qui les avait réalisés mais aussi sa féminité, sa patience et son application, qualités alors très recherchées.
À l'époque victorienne, les dames de bonnes familles confectionnaient également des accessoires en relief, comme des papillons, des fleurs ou des insectes, en enfilant des perles sur des fils métalliques. Elles les conservaient dans des vitrines ou les utilisaient pour orner des corsages, des diadèmes ou des peignes, pour elles-mêmes ou pour leurs proches.
Un nouveau genre d'ouvrages apparut, constitué de chutes de tissus précieux utilisés pour faire des robes. Assemblées en patchworks abstraits, elles servirent à confectionner des édredons largement parsemés de broderies, rubans, boutons, perles de verre et sequins.
Le travail des perles n'était cependant pas l'apanage des femmes. En mer, les marins fabriquaient pour celles qu'ils aimaient des pelotes à épingles en bouts de lainage d'uniforme rembourrés avec de la sciure. Ils y inscrivaient des messages romantiques en y enfonçant des épingles sur lesquelles étaient enfilés des perles et des sequins.
L'activité manuelle la plus répandue était néanmoins la broderie au point de croix et au point droit réalisée en laine qui submergea littéralement l'Europe et l'Amérique. Sa popularité devait beaucoup à sa facilité

À gauche : deux gilets brodés en laine, datant du XIXe siècle.

À gauche : les motifs, les échantillons et l'empeigne de chausson présentés ici, tous européens, datent des environs de 1840-1860. Ils sont typiques de la broderie en laine perlée du XIXe siècle.

Ci-dessous : cette robe du soir translucide en voile de soie imprimé portée pour la première fois à Paris en 1922 est délicatement ornée de perles scintillantes. Sa taille basse est typique de la mode de l'époque. Bien que très décorée, une telle tenue était bien plus facile à porter que les robes à corset et baleines des décennies précédentes. Le long collier de perle qui l'accompagne est un classique des années folles.

d'exécution. Les fabricants produisaient des milliers de modèles et des fils et des laines de différentes couleurs pour profiter de ce gigantesque marché. Certains de ces modèles utilisaient de minuscules perles de laiton ou de verre cousues à la place du fil pour obtenir une surface brillante. L'emploi de différentes nuances permettait d'obtenir un effet chiné, dit de « grisaille ». Chaque foyer abondait en sacs, couvre-théières, couvertures, dessus-de-lit, chaussons, coussins et écrans de cheminée faits maison.

Lors de la seconde moitié du XIXe siècle, la mode fut aux robes du soir aux corsages chargés de perles de jais et de petites perles de verre et aux petits sacs ornés de franges et de pompons.

Au cours des années vingt, la vie des femmes changea rapidement. Elles célébrèrent la fin de la Première Guerre mondiale et entrèrent dans le monde du travail. La mode se fit le reflet de cette liberté nouvelle. Les robes étroites à taille basse se couvrirent de franges de sequins, de perles oblongues ou en forme de gouttes et de perles de verre. Les robes plus courtes permirent une plus grande liberté de mouvement et s'ornèrent de franges scintillantes et vives adaptées aux nouvelles danses de l'âge du jazz. La popularité des perles déclina au début de la Seconde Guerre mondiale, quand le rationnement imposa des vêtements plus simples et plus austères. Depuis quelques années les perles reviennent à la mode et réapparaissent dans les activités manuelles.

De nos jours, on fabrique une multitude de perles très variées, ce qui permet aux créateurs et aux artistes contemporains d'explorer les possibilités créatives de ces accessoires très décoratifs.

GALERIE

LES PERLES SONT UTILISÉES DANS LA DÉCORATION DEPUIS DES SIÈCLES. LES CRÉATEURS ET LES ARTISANS CONTEMPORAINS LES APPRÉCIENT POUR LEUR BEAUTÉ ET LEUR GRANDE SOUPLESSE D'UTILISATION. À NOUVEAU, ELLES OCCUPENT LE DEVANT DE LA SCÈNE, DANS LA HAUTE COUTURE COMME DANS LES BOUTIQUES DE TRAVAUX MANUELS. IL EN EXISTE DE TOUTES SORTES, DES PLUS CLASSIQUES AUX PLUS MODERNES, COMME LE PROUVENT LES ŒUVRES CONTEMPORAINES PRÉSENTÉES ICI.

Ci-dessus : BROCHE ET BOUCLES D'OREILLES
Cette broche en forme de cœur et les boucles d'oreilles assorties sont en velours brodé à la machine avec un fil doré puis bordé de perles.
ISABEL STANLEY

À droite : CHANDELIER
Cet élégant chandelier en métal est orné de perles enfilées sur des fils métalliques enroulés autour de son pied.
LIBERTY

Ci-dessus, à gauche :
FLEURS EN PERLES
Ces fleurs décoratives composées d'éclats de cristal, de grenats et de diverses petites perles rondes et tubulaires ont été confectionnées en commençant par le cœur puis en l'entourant de pétales. Elles sont destinées à finir des vêtements ou des chapeaux. Pour en réaliser de semblables, inspirez-vous de fleurs naturelles ou de reproductions.
JANICE MARR

Ci-dessus, à droite :
SEQUINS PERLÉS
Si les circonstances ne vous permettent pas de vous revêtir entièrement de sequins et de perles, consolez-vous en ornant vos tenues de bandes de sequins perlées. Réalisées sur un métier à tisser et parsemées de perles, elles vous procureront une exquise sensation de luxe.
KAREN SPURGIN

À droite : PHOTOPHORE EN PERLES
Les perles rouges de ce photophore scintillent comme des joyaux.
Sa structure en fil de fer laisse filtrer la chaude lueur de la flamme.
Les modèles dans lesquels les perles sont proches d'une source de chaleur doivent impérativement être réalisés avec des matériaux ininflammables – qui ne risquent pas de fondre.
LIBERTY

À gauche : FRUITS PERLÉS
Ces poires en satin et en velours ont été recouvertes de sequins, de petites perles et d'éclats de cristal. Elles sont moelleuses car remplies de lentilles. Leurs tiges sont en fil métallique et en perles, dont certaines en forme de feuilles.
KAREN SPURGIN

Ci-contre : BUSTIER EN PERLES
Cette pièce fabuleuse a été confectionnée en entrelaçant des rangées de perles sur une armature classique.
DIANA LAURIE

Ci-dessous, à gauche :
MONTURE DE LUNETTES DE SOLEIL
Ces lunettes de star ont été fabriquées en entourant une monture avec un fil métallique recouvert de perles. Les vieux colliers qu'on trouve sur les marchés aux puces sont de bonnes sources de perles originales.
DIANA LAURIE

Ci-dessous, à droite :
DISQUES DÉCORATIFS
Ce genre de garniture est susceptible de transformer n'importe quel vêtement en tenue des grands jours.
KAREN SPURGIN

LES PERLES

DE NOS JOURS, ON NE COMPTE PLUS LES BOUTIQUES ET LES SOCIÉTÉS DE VENTE PAR CORRESPONDANCE SPÉCIALISÉES. IL EN EXISTE DE TOUS STYLES, DE TOUTES FORMES ET DE TOUTES TEXTURES : EN VERRE, MÉTAL, BOIS, NACRE, PIERRES SEMI-PRÉCIEUSES, VRAIES OU FAUSSES, ETC.

Fausses perles : ces imitations de perles fines sont blanches, ivoires ou colorées.

Matériaux naturels : dans certains pays, les perles en noix, graines, coquillages, nacre et os sont considérées comme de puissants talismans. Les perles en bois tendre sont plus adaptées à la joaillerie qu'à la broderie.

Motifs millefiori : les « mille fleurs » se présentent sous forme de longues bandes de verre (ou de plastique) coloré soudées entre elles pour former un motif. On les coupe pour obtenir un effet de mosaïque.

Objets divers : les capsules de bouteilles, les pièces de monnaie ou encore le bois flotté font des perles intéressantes. Percez un trou en leur centre à l'aide d'une mèche fine en veillant à toujours porter des lunettes de protection quand il s'agit de verre.

Perles en céramique : à l'origine, les perles en terre étaient fabriquées en introduisant un morceau de bois dans des formes en argile. Pendant la cuisson, le bois brûlait, laissant place à un trou. Ces perles bleues et blanches en porcelaine sont traditionnellement ornées de motifs chinois.

Perles en cristal : généralement en verre, ces perles à facettes ont des formes variées : cœurs ou losanges par exemple. Il est recommandé de protéger le fil de leurs bords coupants en l'enduisant de cire d'abeille.

Perles en poire : en forme de goutte, elles sont généralement utilisées en bout de rang ou pour la finition.

Perles indiennes : originaires des Indes, ce sont des perles de verre ornées de motifs en relief en verre fondu représentant des fleurs ou des feuilles. Certaines sont même incrustées d'argent.

Perles de métal : souvent de formes élaborées, elles sont en laiton ou en cuivre, parfois plaquées d'or ou d'argent. En bijouterie, elles se placent entre des perles plus grosses ou à l'extrémité d'un fil.

Perles de rocaille : ces petites perles de verre légèrement aplaties sont extrêmement populaires. Il en existe de nombreux modèles, opaques, transparents, métalliques ou irisés. Leur trou est parfois souligné d'une ligne irisée ou opaque, or ou argent.

Perles striées : elles sont fabriquées en enroulant du verre fondu autour d'un axe métallique pour créer des volutes.

Perles tubulaires : étroits tubes de verre de différentes dimensions, elles se trouvent particulièrement mises en valeur quand on les associe à de petites perles rondes.

Perles vénitiennes : ces perles en verre très décoratives viennent d'un des centres les plus connus de la décoration perlée.

Petites perles de verre rondes : tres utilisées dans la décoration, il en existe de nombreux modèles. Elles sont parfois vendues pré-enfilées, déjà prêtes à être transférées sur une aiguille.

Pierres semi-précieuses : l'ambre, la turquoise, le corail ou le jade coûtent cher mais peuvent être remplacés par des imitations.

Sequins : il s'agit de perles plates de différentes formes (étoiles, fleurs ou feuilles par exemple), percées d'un ou deux trous, de tailles et d'aspects différents. À l'origine, ils étaient découpés dans des feuilles d'or ou d'argent.

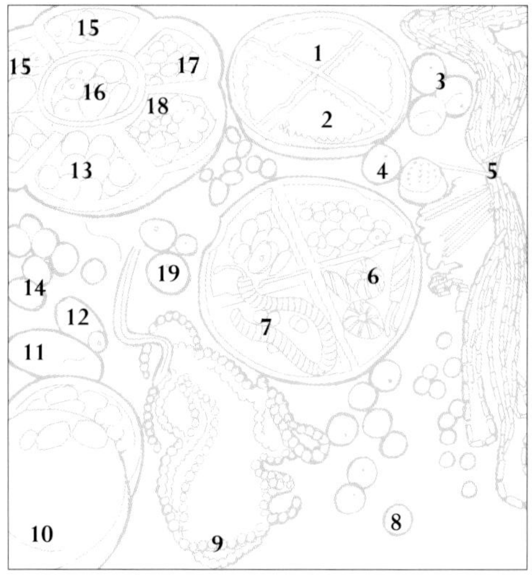

1 Perles de rocaille
2 Petites perles de verre
3 Perles vénitiennes
4 Millefiori
5 Perles tubulaires
6 Perles en os
7 Sequins
8 Poires
9 Perles pré-enfilées
10 Objets divers
11 Perles indiennes
12 Perle striée
13 Fausses perles
14 Perles en cristal
15 Pierres semi-précieuses, lapis-lazuli...
16 Perles en céramique
17 Perles en bois
18 Perles en métal
19 Ambre

FOURNITURES

La décoration perlée nécessite très peu de matériel de base, le principal étant bien entendu les perles elles-mêmes. Vous trouverez tout le reste dans votre boîte à ouvrage ou vous pourrez vous le procurer dans les merceries ou encore par correspondance. Pour plus de détails, à la fin de l'ouvrage, nous vous proposons une sélection d'adresses utiles.

Boucles et montures de bijouterie: les épingles à chapeau, boucles pour oreilles percées, fermoirs, épingles pour broches et autres accessoires de bijouterie sont disponibles auprès des fournisseurs de perles.

Boules en coton : composées de fibres de coton compressées, il en existe de différentes tailles.

Boutons: mêlés à des perles, ils constituent des ornements supplémentaires.

Boutons à recouvrir: vendus en kit dans les merceries, les boutons à recouvrir sont constitués de deux parties qui s'emboîtent: un dessus sur lequel on tend le tissu et un dessous muni d'une patte que l'on coud au vêtement.

Canevas: il s'agit d'une toile raide à la trame plus ou moins lâche que l'on trouve chez les fournisseurs en broderies.

Corde: disponibles dans de nombreux coloris, les cordes à trois brins peuvent servir d'armature à des objets en perles.

Crayon-feutre: il vous servira à souligner les contours et à dessiner des motifs.

Entoilage: généralement utilisé pour raidir un tissu, il constitue également un bon support sur lequel coudre des perles.

Épingles courtes: plus courtes que les épingles ordinaires, elles sont idéales pour fixer les perles.

Fil à perle: cordonnet spécialement conçu pour les perles, il peut être remplacé par un fil solide en polyester ou en lin.

Fil de pêche: il est recommandé pour les perles lourdes, celles en verre par exemple. Plus solide que le fil en polyester, il est également plus difficile à manipuler.

Fil de soie: il s'agit d'un fil fibreux brillant comme de la soie.

Fils à broder: le coton perlé (fil brillant à deux brins), le mouliné (fil à 6 brins dissociables pour les broderies fines) et le fil à broder spécial machine existent dans de nombreuses couleurs, y compris métallisées.

Fils métalliques: doré ou argenté, il en existe de différents diamètres. Vérifiez qu'il passe bien dans les perles de votre modèle.

Laine à tapisserie: cette laine mate est disponible dans une large gamme de couleurs.

Peintures pour tissu: il est préférable de les choisir à l'eau, non-toxiques, à fixer au fer à repasser.

Rubans: qu'ils soient en satin, en soie ou en velours, tous peuvent servir à agrémenter un ornement en perles.

Talonnette: les franges sont cousues sur ce ruban en tissu avant d'être introduites dans les coutures ou enroulées pour confectionner des pompons.

Toiles de reliure: il s'agit de toiles de coton à contextures serrées contrecollées de papier.

Vis à relier: elles sont en laiton et servent à maintenir les liasses de papier.

Vlieseline thermocollante double face: appliquée au dos d'un motif, elle permet de le coller au fer à repasser sur un tissu.

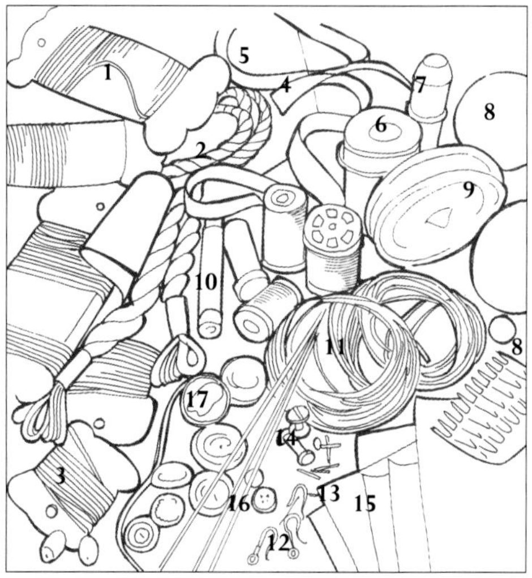

1 Laine à tapisserie
2 Corde
3 Cordonnet
4 Talonnette
5 Ruban
6 Peinture pour tissu
7 Peinture pour tissu
8 Boules en coton
9 Fil de pêche
10 Fil de soie
11 Fil métallique
12 Boucles pour oreilles percées
13 Épingles courtes
14 Vis à relier en laiton
15 Toile de reliure
16 Boutons
17 Boutons à recouvrir

Matériel

La décoration perlée est idéale pour ceux qui manquent de place car elle requiert peu de matériel spécifique. Vous trouverez sans doute les outils de base, ciseaux, épingles et règle, dans votre boîte à ouvrage. Rangez vos perles dans des boîtes en verre ou en plastique séparées pour les retrouver rapidement. Quand vous réalisez un modèle, transvasez les perles dont vous avez besoin dans des soucoupes ou des assiettes compartimentées.

Aiguilles : certaines aiguilles de couturière particulièrement fines peuvent servir pour les perles. Les aiguilles de sellier sont employées pour les coudre sur des matières dures, le cuir par exemple.

Aiguilles à perles : ces aiguilles sont très fines et particulièrement longues pour permettre d'enfiler plusieurs perles à la fois. Il en existe de différentes tailles. Fragiles, elles doivent être manipulées avec soin. Vous pouvez les remplacer par des aiguilles moyennement grosses quand vous enfilez de grosses perles.

Cire d'abeille : elle permet de consolider le fil et d'éviter qu'il ne se coupe sur les bords tranchants des perles à facettes.

Ciseaux à broder : petits et pointus, ils permettent de couper nettement les fils et le tissu.

Ciseaux de couturière : ils vous serviront à casser les perles abîmées pour les ôter d'un ouvrage.

Crayons de couturière : spécialement conçus pour le tissu, son trait disparaît au lavage.

Cutter : une lame solide est indispensable pour couper le carton.

Épingles de couturière : utiles pour maintenir un tissu avant de le bâtir ou de le coudre à points glissés.

Machine à coudre : utilisez le pied normal pour les coutures et un pied spécial pour les broderies.

Métier à tisser les perles : ce petit métier à tisser est spécialement conçu pour les perles. Les fils de chaîne sont tendus entre deux ressorts et enroulés autour de rouleaux de bois.

Mètre de couturière : il est plus pratique qu'une règle droite pour mesurer le tissu et les surfaces courbes.

Palettes : les palettes chinoises sont de petites assiettes compartimentées qui permettent de trier les perles. Elles peuvent être remplacées par des soucoupes, l'essentiel étant de bien séparer les différents types de perles.

Papier millimétré : il aide à mesurer les franges des pompons et des bordures.

Pince à épiler : elle sert à sélectionner ou à ôter des perles.

Pince coupante et pince à bijoux ronde effilée : elles sont essentielles pour couper et plier les fils métalliques.

Pinceaux : ils servent à appliquer la peinture pour tissu.

Punaises : elles servent à épingler les fils sur un tableau de liège.

Règle : elle est indispensable pour réaliser un travail précis. Les modèles expliqués dans ce livre nécessitent plutôt une règle en métal qu'un mètre-ruban.

Tableau de liège : les franges et le macramé doivent être épinglés sur un tableau assez grand pour contenir tout le modèle. Les pièces de petites tailles peuvent être épinglées sur une planche à repasser.

Tambour à broder : constitué de deux cercles emboîtés, il permet de bien tendre le tissu. Les tambours en plastique munis d'une pince métallique sont recommandés pour les coutures à la machine.

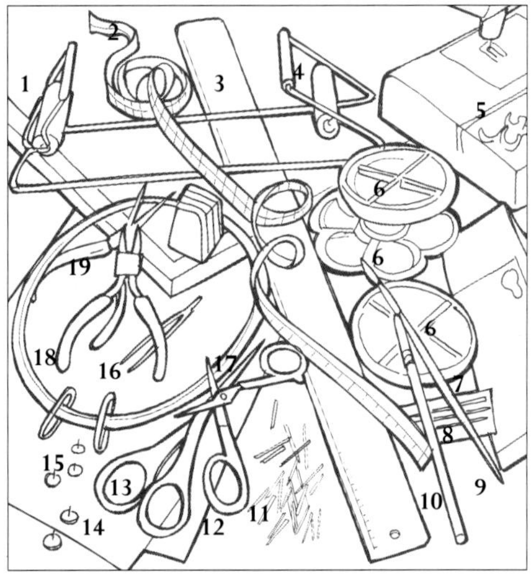

1 Tableau de liège
2 Mètre de couturière
3 Règle
4 Métier à tisser les perles
5 Machine à coudre
6 Palettes
7 Aiguilles
8 Aiguilles à perles
9 Pinceau
10 Crayon de couturière
11 Épingles
12 Ciseau à broder
13 Ciseaux de couturière
14 Papier millimétré
15 Punaises
16 Pince à épiler
17 Tambour à broder
18 Pince coupante
19 Pince ronde effilée

TECHNIQUES DE BASE

LES TECHNIQUES DE LA DÉCORATION PERLÉE SONT ASSEZ FACILES À SAISIR UNE FOIS ASSIMILÉS QUELQUES PRINCIPES DE BASE. NÉANMOINS, SI VOUS DÉBUTEZ, MIEUX VAUT PRENDRE VOTRE TEMPS POUR BIEN MAÎTRISER LES BASES AVANT DE VOUS LANCER DANS DES PROJETS PLUS AUDACIEUX. COMMENCEZ PAR DES ORNEMENTS SIMPLES COMME UNE BORDURE OU UNE COURTE FRANGE AVANT DE PASSER À DES MODÈLES PLUS COMPLEXES.

LES PERLES PRÉ-ENFILÉES

Transférez simplement les perles sur une aiguille avant d'enlever le fil d'origine.

PICOT EN PERLES

Tracez des repères à intervalles réguliers à l'aide d'une règle et d'un crayon de couturière. Enfilez une aiguille, faites un nœud au bout du fil et piquez à une extrémité du picot. Enfilez une grosse perle puis une petite et repassez dans la première. (La petite perle retiendra l'autre.) Repiquez dans le tissu et ressortez au repère suivant.

FRANGE LONGUE

1 Pour obtenir des franges de même longueur, aidez-vous de papier quadrillé ou comptez les perles. Coupez un fil de quatre fois la longueur de la frange désirée. Enfilez les deux extrémités du fil dans une aiguille afin de travailler avec un fil double. Piquez dans le tissu, passez l'aiguille dans la boucle formée par le fil et tirez.

2 Marquez la longueur de la frange sur une feuille de papier quadrillé placée sous le travail. Enfilez le nombre de perles nécessaire et placez-les au bord du tissu.

3 Repassez dans l'avant-dernière perle en tendant bien le fil puis remontez dans la frange en faisant un nœud toutes les quatre perles.

4 Tirez doucement sur le fil pour le tendre puis coupez le surplus.

Frange courte

Elle se réalise avec une seule longueur de fil. Marquez la longueur désirée sur du papier quadrillé. Piquez dans le tissu en veillant à arrêter le fil par un nœud. Enfilez le nombre de perles voulu et placez-les près du tissu. Repassez dans l'avant-dernière perle et remontez à l'intérieur de la frange. Repiquez dans le tissu et faites ressortir l'aiguille à l'emplacement de la frange suivante.

Frange dentelée

Prenez une aiguillée et piquez dans le tissu en arrêtant le fil par un nœud. Enfilez une perle tubulaire, une perle de rocaille et une deuxième perle tubulaire. Placez les perles au bord du tissu pour former une dent puis repiquez dans le tissu.

Frange de perles en poire

Prenez une aiguille et piquez dans le tissu en arrêtant le fil par un nœud. Enfilez une perle de rocaille, une perle en forme de larme et une deuxième perle de rocaille. Placez les perles près du bord, repiquez dans le tissu et ressortez à l'emplacement de la poire suivante.

BOUCLES

Tracez des marques à intervalles réguliers avec un crayon de couturière. Prenez une aiguillée et piquez au niveau du premier repère. Enfilez le nombre de perles correspondant à la longueur de la boucle désirée et placez-les au bord du tissu. Repiquez au même endroit pour former la boucle et ressortez à l'emplacement de la boucle suivante.

BOUCLES À TIGES

Avant chaque boucle, enfilez le nombre de perles nécessaire pour une tige. Repassez l'aiguille dans les perles de la tige avant de passer à la boucle suivante.

LE TISSAGE À L'AIGUILLE

Cette technique consiste à assembler plusieurs rangs de perles en fixant les perles du deuxième rang à celles du premier. Le deuxième rang est cousu au premier en faisant passer le fil d'un rang à l'autre. L'explication suivante est destinée à orner un objet en relief. Pour un ornement plat, travaillez en rangs aller et retour plutôt qu'en cercles.

1 Pour le premier rang : enfilez le nombre de perles adéquat, placez-les autour de l'objet et fermez par un nœud.

2 Pour le deuxième rang : passez l'aiguille dans la première perle du premier rang, enfilez la première perle du deuxième rang. Passez dans la troisième perle du premier rang. Continuez ainsi tout le tour.

APPLICATION DE PERLES PRÉ-ENFILÉES

Il est possible de créer ou d'embellir un motif en cousant sur un tissu un rang de perles pré-enfilées. Un second rang peut recouvrir le premier pour lui donner ainsi plus de relief.

FESTONS

Marquez le tissu à intervalles réguliers. Enfilez une aiguille, piquez dans le tissu en arrêtant le fil par un nœud. Enfilez le nombre de perles voulu, placez-les au bord du tissu et piquez dans le repère suivant.

MONTAGE DES FILS SUR UN MÉTIER À TISSER LES PERLES

Les métiers à tisser permettent de réaliser d'étroites bandes de tissage perlé. Les perles se placent entre les fils de chaîne. Le fil de trame, d'un seul tenant, passe dans les perles, au-dessus puis en dessous des fils de chaîne.

1 Coupez les fils de chaîne de la longueur de l'objet que vous souhaitez réaliser plus 45 cm. Calculez le nombre de perles dont vous aurez besoin pour une largeur, en fonction de la taille des perles. Coupez un fil de chaîne par perle plus un. Posez les fils de chaîne à plat et nouez-les à chaque extrémité. Divisez en deux et accrochez l'un des nœuds au rouleau de droite du métier. Faites tourner le rouleau pour enrouler un peu les fils de chaîne puis répartissez ces derniers sur le ressort.

2 Accrochez le deuxième nœud sur l'autre rouleau et enroulez comme précédemment. Tendez bien les fils en tournant les rouleaux.

3 Enfilez sur une aiguille à perles un long fil enduit de cire d'abeille. Nouez l'extrémité du fil au fil de chaîne de gauche, à 2,5 cm d'un des rouleaux.

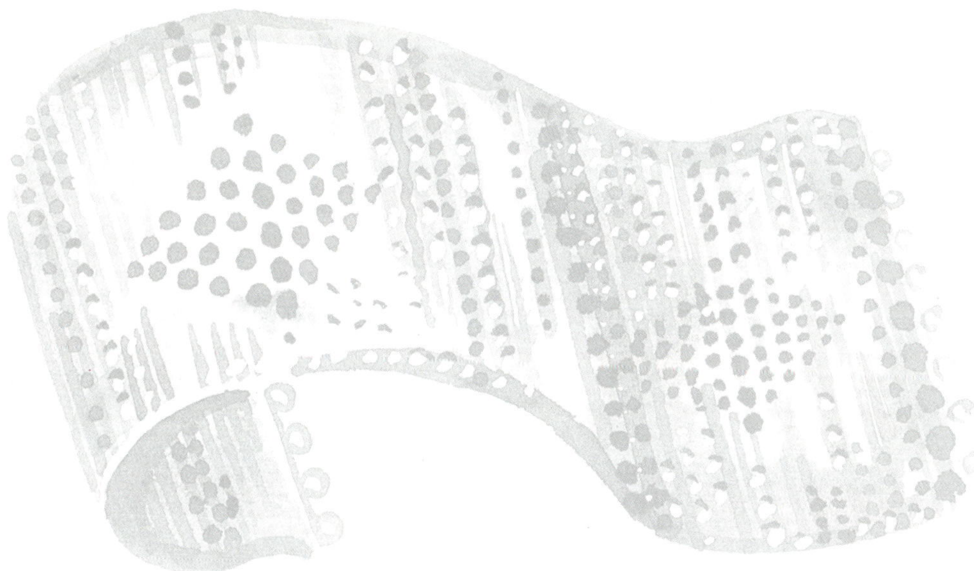

COLLIER CHINOIS

CE MODÈLE A ÉTÉ CRÉÉ À PARTIR DE SON PENDENTIF CENTRAL. SES PERLES SONT ENFILÉES SUR UN FIL DOUBLE RECOUVERT D'UN POINT DE FESTON EN SPIRALE.

1 Pour chaque moitié de collier : coupez 1 m de fil à deux brins, pliez-le en deux et punaisez son milieu au tableau de liège. Coupez deux fois 2 m de fil de soie fin. Enfilez-les en double sur deux aiguilles à larges chas, nouez leurs extrémités et punaisez-les comme précédemment. Placez un des fils fins en double contre le fil à deux brins et recouvrez-les sur 12 cm d'un point de feston avec l'autre aiguillée de fil fin.

2 Continuez sur chaque fil épais en recouvrant chacun sur 2 cm au point de feston avec une aiguillée de fil fin.

3 Enfilez une perle en os sur l'un des embranchements et une perle ronde en ambre sur le second. Faites un nœud double après chaque perle et continuez comme en 1 sur 1,5 cm.

4 Enfilez une perle indienne sur tous les fils et faites un nœud. Continuez au point de feston sur tous les fils pendant 1,5 cm, dédoublez le travail sur 1,5 cm, enfilez une perle en pierre précieuse de chaque côté et faites un nœud.

5 Continuez avec deux fils sur 1,5 cm, réunissez les fils et poursuivez sur l'ensemble des fils pendant 1 cm. Enfilez un disque indien, faites un nœud, continuez sur 1 cm. Enfilez une perle en os, une d'ambre et une en os, faites un nœud. Continuez sur 2 cm. Nouez les deux moitiés du collier. Enfilez le pendentif sur tous les fils et faites un nœud.

6 Passez tous les fils dans un disque indien et terminez par un nœud. Enlevez la punaise et cousez un fermoir.

FOURNITURES ET MATÉRIEL

FIL DE SOIE À DEUX BRINS • CISEAUX • RÈGLE • PUNAISES • TABLEAU DE LIÈGE • FIL DE SOIE FIN • 2 AIGUILLES À LARGES CHAS • 6 PERLES EN OS • 2 PERLES RONDES EN AMBRE • 2 PERLES INDIENNES RONDES ARGENTÉES • 4 PERLES EN PIERRES PRÉCIEUSES • 3 DISQUES INDIENS ARGENTÉS • 2 GROSSES PERLES D'AMBRE • 1 GROS PENDENTIF CHINOIS • 1 FERMOIR

Collier vénitien

Ce somptueux bijou a été confectionné en reliant de grosses perles vénitiennes par plusieurs rangées de perles chatoyantes. Il est conçu pour mettre en valeur quelques perles précieuses grâce à une multitude de petites perles peu onéreuses dans les mêmes tons. Des perles de serrage permettent de fixer solidement les fermoirs de colliers lourds comme celui-ci.

1 Enfilez sur une aiguille 250 cm de fil. Nouez l'extrémité du fil autour d'une perle qui servira d'arrêt. Enfilez les perles comme suit : 1 mauve, 25 bronze, 1 verte, 2 bronze, 2 vertes, 1 rouge, 3 vertes, 1 rouge, 1 mauve, 1 vénitienne, 1 mauve, 1 rouge, 3 vertes, 1 rouge, 2 vertes, 2 bronze, 1 verte. Répétez six fois de plus et terminez par 25 bronze et 1 mauve.

2 Prenez une seconde aiguillée de 2,50 m et nouez-en l'extrémité autour de la perle d'arrêt. Passez l'aiguille dans la première perle mauve puis enfilez : 25 perles bronze, 1 verte, 2 bronze, 2 vertes, 1 rouge et 3 vertes. Passez dans les perles rouge, mauve, vénitienne, mauve et rouge enfilées en 1. Enfilez 3 perles vertes, 1 rouge, 2 vertes, 2 bronze et 1 verte. Répétez six fois de plus depuis le début et terminez par 25 perles bronze puis passez dans la dernière perle mauve enfilée en 1.

3 Faites trois rangs supplémentaires de la même façon. Terminez chacun par un nœud puis, à l'aide d'une pince, écrasez une perle de serrage munie d'un anneau sur chacun des nœuds.

4 Fixez un anneau doré à chaque extrémité et enfilez le fermoir.

Fournitures et matériel

Ciseaux • Fil de Nylon noir solide • Aiguille • Perles mauves et rouges irisées de 5 mm de diamètre • Petites perles de verre bronze et vertes • 7 grosses perles vénitiennes en verre • 2 perles de serrage munies d'anneaux • Pince ronde • 2 anneaux dorés de 5 mm de diamètre • 1 fermoir doré en forme de S

BOUCLES D'OREILLES

CES SPLENDIDES BOUCLES D'OREILLES SONT CONSTITUÉES DE SIMPLES TUBES DE CARTON RECOUVERTS DE VELOURS ET ORNÉS DE PASSEMENTERIE, DE FIL DE FER DORÉ ET DE PETITES PERLES. LES PERLES LES PLUS GROSSES SONT FIXÉES À L'AIDE D'ÉPINGLES À CHAPEAU. IL EXISTE TANT DE RUBANS ET DE PERLES DIFFÉRENTS QU'IL VOUS SERA FACILE D'ASSORTIR VOS CRÉATIONS À VOS TENUES.

1 Coupez deux rectangles de carton de 4 cm x 7 cm. Enroulez-les dans le sens de la longueur pour former deux petits cylindres de 1,5 cm de diamètre.

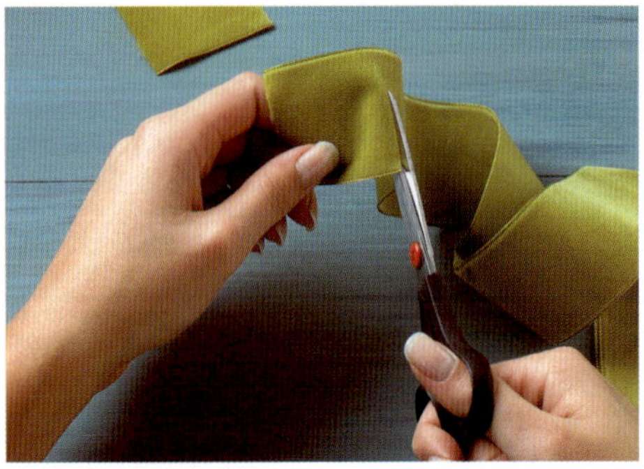

2 Coupez deux morceaux de velours de 6 cm. Placez-les sur les tubes en carton, endroit vers l'extérieur.

3 Rentrez les bords du ruban et cousez à points glissés.

4 Entourez chaque tube d'une aiguillée de fil rouge pris en double et faites un nœud à chacune des extrémités. Coupez 40 morceaux de croquet doré de 1,5 cm. Prenez une aiguillée de fil de lin, enfilez dessus tour à tour les morceaux de croquet et les petites perles vertes puis enroulez-le autour du tube. Terminez par un nœud.

5 Enfoncez une épingle à chapeau en travers du tube à 5 mm du haut. Placez le tube au milieu. Enfilez une perle en forme de fleur, une grosse perle rouge et trois petites perles rouges de chaque côté. Avec la pince, donnez à chaque extrémité la forme d'une spirale.

6 Enfilez sur une épingle à chapeau une fleur en laiton, une grosse perle rouge, une perle hexagonale, un tube recouvert de velours et procédez de façon inverse à l'autre bout. Recourbez l'extrémité de chaque épingle pour former un anneau que vous fixerez sur une boucle pour oreilles percées.

FOURNITURES ET MATÉRIEL

CARTON LÉGER • RÈGLE ET CRAYON • CISEAUX • RUBAN DE VELOURS DE 5 CM DE LARGE • AIGUILLE À COUDRE • FIL À COUDRE ASSORTI AU RUBAN • FIL À BRODER MÉTALLISÉ ROUGE • CROQUET DORÉ • PINCE COUPANTE • AIGUILLE À PERLES • FIL DE LIN • PERLES DE ROCAILLE VERTES • 4 ÉPINGLES À CHAPEAU • 8 PERLES EN FORME DE FLEUR DE 4 MM DE DIAMÈTRE • 8 PERLES EN VERRE ROUGE DE 6 MM DE DIAMÈTRE • 12 PERLES EN VERRE ROUGE DE 4 MM DE DIAMÈTRE • PINCE RONDE • 4 PERLES HEXAGONALES EN LAITON DE 7 MM DE DIAMÈTRE • BOUCLES ARGENTÉES POUR OREILLES PERCÉES

Boutons perlés

Faciles à réaliser et toujours réussis, ces splendides boutons personnaliseront à merveille une tenue ou une pièce d'ameublement. La mûre réalisée autour d'une boule en coton fera également un magnifique pendentif.

Les trois autres modèles sont en soie et en taffetas, fabriqués sur des boutons à recouvrir. Chacun peut être entièrement recouvert de perles, orné d'un motif ou ressembler à un pompon.

1 Pour la mûre : noircissez entièrement une boule en coton à l'aide d'un feutre.

2 Prenez une aiguillée de fil noir et fixez-le à la boule par quelques points. Enfilez une perle noire, piquez dans la boule et ressortez de l'autre côté. Prenez une autre perle et retraversez la boule. Divisez la sphère en quatre avec le fil en passant à chaque fois dans les deux perles.

3 Enfilez 18 perles et passez dans la perle du bas. Prenez 18 perles de plus et passez dans la perle du haut. Répartissez les rangs à angles droits sur la boule.

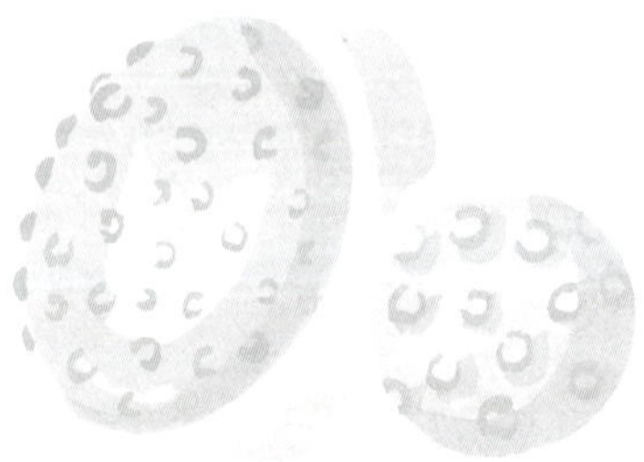

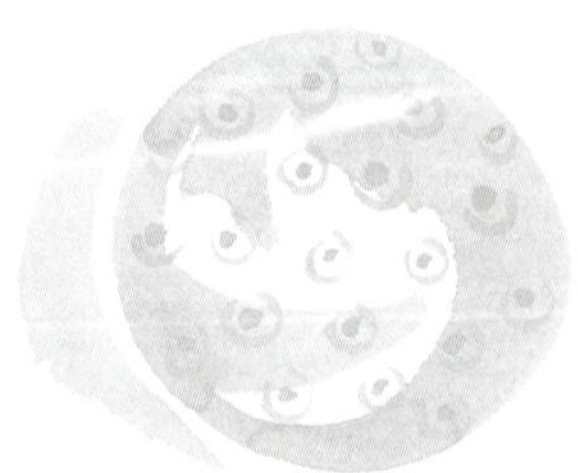

Fournitures et matériel

Feutre noir • Boule en coton de 1 cm de diamètre • Aiguille et fil noir • Perles de rocaille noires • Crayon de couturière • Bouton à recouvrir de 3 cm de diamètre • Soie • Ciseaux • Fils assortis à la soie et au taffetas • Grosses perles transparentes argentées • Perles à facettes vertes de 4 mm • Boutons à recouvrir de 1,5 cm de diamètre • Taffetas • Perles de verre vertes de 5 mm de diamètre • Petites perles de verre cuivre et transparentes

4 Enfilez 16 perles et travaillez comme précédemment en divisant la sphère en huit. Répétez avec 14 perles en la divisant en seize. Continuez jusqu'à ce que la boule soit entièrement recouverte.

5 Si la mûre est destinée à servir de pendentif, enfilez 8 perles et repiquez au même endroit pour former une boucle.

6 Pour le bouton orné d'une fleur : avec un crayon de couturière, reportez sur de la soie les contours d'un bouton à recouvrir de 3 cm de diamètre. Tracez un second trait à 1 cm du premier et coupez le tissu. Faites cinq marques régulièrement espacées sur le cercle le plus petit.

7 Enfilez un fil sur une aiguille. Arrêtez-le par un nœud et faites sortir l'aiguille au centre du cercle. Enfilez 20 grosses perles transparentes puis repiquez au centre pour former un pétale.

8 Faites ressortir l'aiguille sur l'un des cinq repères et cousez-y la boucle en plaçant le fil entre la neuvième et la dixième perle. Faites quatre pétales supplémentaires de la même façon.

9 Cousez une perle verte à facettes au centre de la fleur.

▶

10 Passez un fil de fronce à 3 mm des bords. Placez le motif sur le bouton à recouvrir et resserrez le fil. Arrêtez par quelques points et fixez ensuite le dessous du bouton.

11 Pour le pompon : reportez sur le taffetas les contours d'un bouton à recouvrir de 1,5 cm de diamètre puis tracez un second cercle à 7 mm du premier et coupez. Enfilez un fil sur une aiguille et fixez-le au centre du cercle. Enfilez une perle de verre verte et huit petites perles cuivre, puis repassez dans la perle verte et faites un nœud. Froncez les bords et assemblez le bouton comme en 10.

12 Pour le bouton vert : reportez sur le taffetas le contour d'un bouton à recouvrir puis tracez un cercle à 7 mm du premier. Coupez. Passez un fil de fronce et fixez le tissu sur le bouton comme précédemment. Prenez une aiguillée et piquez au centre du bouton. Enfilez une perle verte à facettes et quelques petites perles transparentes, puis repassez dans la perle verte, repiquez dans le tissu et répétez jusqu'à ce que le bouton soit entièrement recouvert.

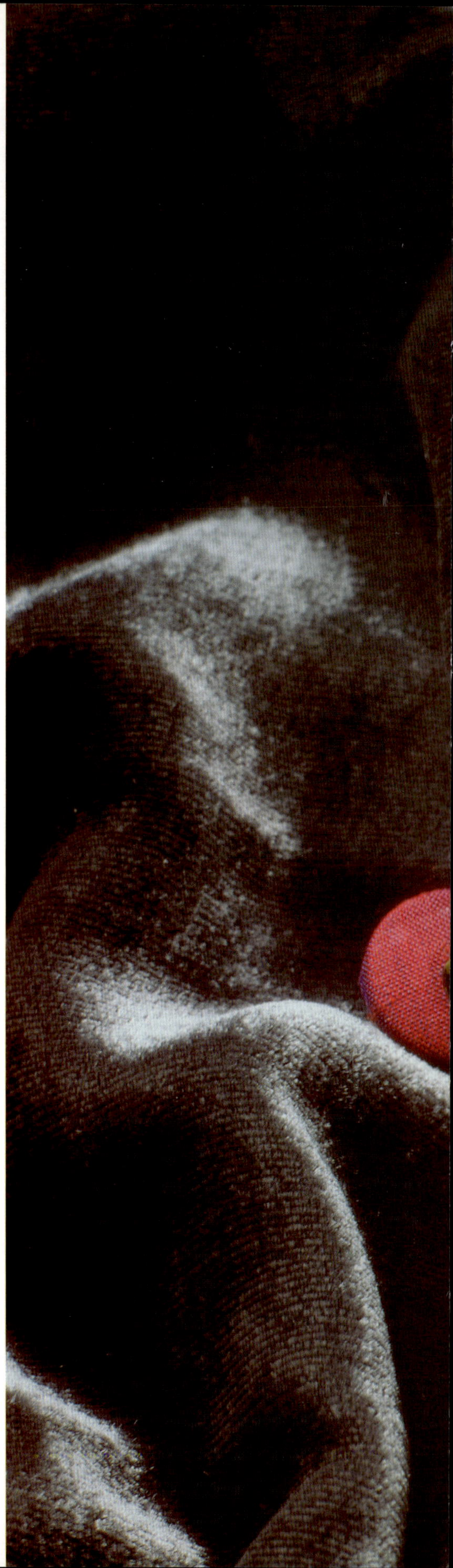

Bracelet en corde perlée

La décoration perlée à base de cordes est très populaire chez les Zoulous, qui comptent au nombre des créateurs d'ouvrages en perles les meilleurs et les plus productifs. Cette technique simple consiste à coudre des rangées de perles autour d'une corde. Le bracelet proposé ici est muni d'un bouton et d'une boucle. Pour réaliser un bracelet fermé d'un seul tenant, assemblez les extrémités de la corde avant de la recouvrir. Pour un collier ou une ceinture, utilisez une corde plus longue. Vous obtiendrez un effet différent en mélangeant des perles d'autres couleurs.

1 Entourez chaque extrémité de la corde avec un fil serré. Peignez la corde avec une peinture pour tissu.

2 Fixez une aiguillée à un bout de la corde. Enfilez 20 perles et placez-les autour de la corde en tendant le fil. Piquez dans la corde deux ou trois fois puis repassez dans les dernières perles enfilées. Répétez sur toute la longueur de l'ouvrage.

3 Terminez en enfilant quelques perles et en les cousant sur l'extrémité de la corde.

4 Formez une boucle à une extrémité du bracelet (voir page 24). De l'autre côté, enfilez trois perles, passez dans un des trous du bouton, prenez deux perles de plus, passez dans le second trou du bouton et terminez par quelques points.

Fournitures et matériel

Corde épaisse • Fil • Peinture pour tissu assortie aux perles • Pinceau • Aiguille pour perles • Fil de Nylon • Perles de rocaille • Bouton du même diamètre que la corde

Décorations de Noël à sequins

Les sequins permettent de confectionner des boules de Noël merveilleusement scintillantes. Choisissez des sequins concaves plutôt que plats, ainsi ils suivront mieux la courbe des boules. Les épingles très courtes avec lesquelles vous fixerez les sequins confèrent aux décorations un charme supplémentaire sans abîmer leur base de coton.

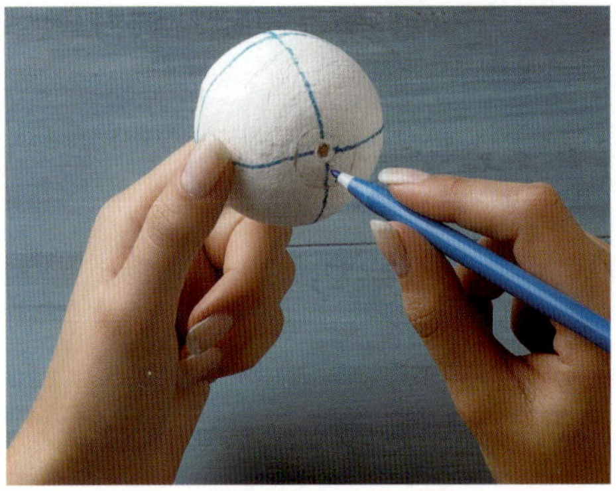

1 Avec un crayon de couturière, divisez la boule de coton en huit sections comme sur la photo.

2 Recouvrez les traits de sequins concaves de diverses couleurs fixés avec des épingles courtes en les faisant se chevaucher légèrement.

3 Remplissez chaque section en faisant se chevaucher légèrement les sequins.

4 Enfilez du fil de lin sur une aiguille à perles et faites quelques points dans le sommet de la sphère. Enfilez 8 cm de perles bronze et repiquez dans la boule pour former une boucle. Enfilez une perle métallique sur une épingle et enfoncez cette dernière dans la boule à la base de la boucle.

5 Pour la boule ornée d'une étoile : tracez des lignes horizontales sur une boule en coton. Fixez un sequin rond au sommet et à la base de la boule. Dessinez deux étoiles en sequins ovales argentés à partir de ces deux points.

6 Recouvrez le reste de la boule avec des sequins ronds comme en 2 et 3. Puis enfoncez une épingle de couturière ornée d'une perle en métal dans un ruban de 10 cm de long pour confectionner une attache.

Fournitures et matériel

Deux boules en coton de 6 cm de diamètre • Crayon de couturière • Sequins concaves ronds de 5 mm de diamètre de diverses couleurs, y compris métallisées • Épingles courtes • Aiguille à perles • Perles de rocaille bronze • Perles en métal cannelées • Épingles de couturière • Sequins oblongs argentés • Ruban

Écharpe de velours

Les feuilles en perles et en tissu qui ornent cette écharpe reprennent le motif gaufré de son velours. Certaines sont découpées dans le tissu et collées au fer à repasser sur la doublure d'organza, d'autres sont constituées de minuscules sequins cousus avec un fil à broder. Des fleurs en perles parsemées entre les feuilles viennent parachever le motif. L'écharpe est bordée d'un magnifique ruban de soie de couleur contrastée.

1 Coupez un carré de velours gaufré de 20 cm de côté. Collez-le sur un côté de la vlieseline à l'aide d'un fer chaud puis découpez des feuilles dedans avec les ciseaux à broder.

2 Retirez la pellicule de papier de la vlieseline, au dos des feuilles, puis répartissez ces dernières sur une moitié de la bande d'organza, endroit vers le haut, et collez-les à l'aide d'un fer chaud.

3 Piquez autour de chaque feuille au point zigzag avec un fil assorti.

▶

Fournitures et matériel

Ciseaux • 28 cm x 130 cm de velours gaufré avec un motif de feuilles • Fer à repasser • Vlieseline thermocollante double face • Ciseaux à broder • 20 cm x 110 cm d'organza • Machine à coudre • Fils à coudre assortis aux tissus • Tambour à broder • Crayon de couturière • Aiguille • Fil à broder assorti aux tissus • Petits sequins argentés • Petites perles de verre argentées • Perles ovales bleues de 5 mm • 10 cm x 110 cm de soie de couleur contrastée

4 Avec le crayon de couturière, dessinez des feuilles supplémentaires entre les feuilles en velours.

5 Tendez le tissu sur un tambour à broder et remplissez les feuilles dessinées en y cousant des sequins avec le fil à broder : enfilez un sequin, piquez dans le tissu en plaçant le fil sur le sequin. Ressortez de l'autre côté du sequin et enfilez-en un autre. Repiquez au milieu du premier sequin. Faites ressortir l'aiguille de l'autre côté du deuxième sequin. Cousus de cette façon, les sequins se chevauchent souplement.

6 Remplissez de perles de rocaille argentées quelques-unes des feuilles dessinées. Pour faire une fleur : fixez une petite perle ronde au centre d'un sequin. Faites ressortir l'aiguille à côté du sequin, enfilez une perle argentée, une perle bleue et une seconde perle argentée. Piquez dans le tissu et ressortez l'aiguille de l'autre côté du sequin. Faites cinq autres pétales de la même façon.

7 Coupez un morceau de velours gaufré de 28 cm x 110 cm. Piquez-le sur la bande d'organza envers contre envers sur les quatre côtés. Coupez des bandes de soie contrastée de 3 cm de large. Assemblez-les et repassez-les pour obtenir une longue bande d'un seul tenant que vous coudrez aux bords de l'écharpe, endroit contre endroit. Repliez le ruban de soie autour de l'ouvrage, rentrez les bords et cousez à points glissés.

Ci-dessus : le velours gaufré ne se démode pas et possède une élégance subtile particulièrement seyante.

Bracelet tissé

Les couleurs glacées et le motif géométrique de ce bijou sont inspirés du mouvement Art déco. Le bracelet est réalisé, sur un métier à tisser, en petites perles de verre. Comme dans le tissage d'une étoffe, les fils de chaîne (verticaux) sont tendus et les fils de trame (horizontaux) vont et viennent perpendiculairement sur et sous les fils de chaîne. Ce genre de métier permet de réaliser de longs galons étroits.

1 Mesurez votre tour de poignet pour déterminer la longueur de votre bracelet et ajoutez 45 cm. Coupez 21 fils de la longueur obtenue. Posez les fils à plat et nouez-les aux deux extrémités puis divisez-les par moitié. Accrochez l'un des nœuds sur l'un des rouleaux. Enroulez un peu de fil autour du rouleau en faisant tourner ce dernier puis tendez les fils et répartissez-les sur le ressort le plus proche.

2 Accrochez le second nœud au rivet du second rouleau et enroulez le fil. Faites tourner les rouleaux pour tendre les fils.

3 Enfilez un long fil de lin enduit de cire d'abeille sur une aiguille à perles. Nouez son extrémité au fil de chaîne de gauche, à 2,5 cm d'un des rouleaux. ▶

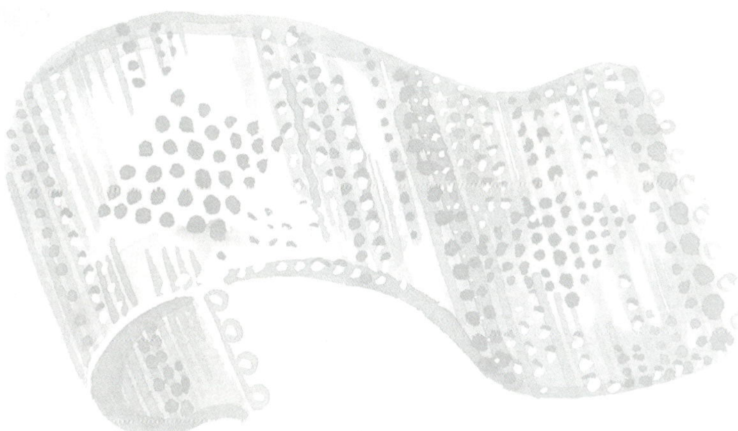

Fournitures et matériel

Métier à tisser les perles • Fil de lin • Ciseaux • Aiguille à perles • Cire d'abeille • Petites perles de verre vertes, roses, grises et mauves • Ruban adhésif • Doublure en lainage • Aiguille à coudre • Fil • 3 boutons munis d'anneaux

4 Suivez le modèle fourni page 94 : enfilez 20 perles et placez-les entre les fils de chaîne. Appuyez pour qu'elles s'encastrent entre les fils puis repassez l'aiguille dans le sens inverse, dans les perles et sous les fils de chaîne. Tendez bien le fil. Fixez les rangs suivants de la même façon.

5 Pour terminer, repassez l'aiguille à travers plusieurs rangs de perles, faites un nœud et coupez le fil.

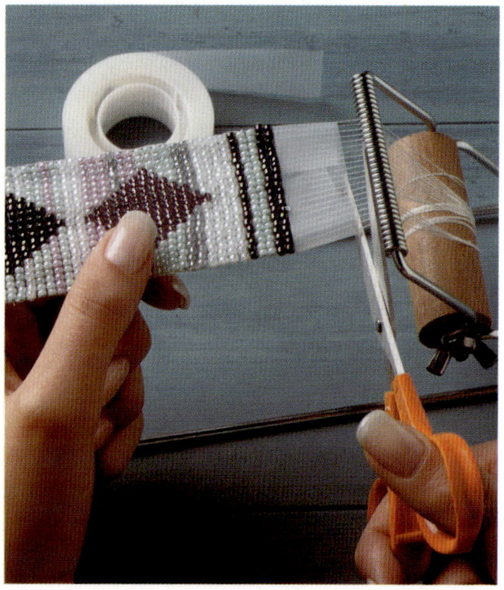

6 Avant de retirer l'ouvrage du métier, collez un morceau de ruban adhésif sur les fils de chaîne, à chaque extrémité du tissage. Coupez les fils.

7 Coupez un rectangle de lainage de la taille du bracelet. Rentrez les bords et cousez-les au tissage, envers contre envers. Une fois la pièce finie, faites-en le tour à points glissés.

8 Fixez trois boutons à une extrémité du bracelet et confectionnez trois boucles de l'autre côté, suffisamment larges pour laisser passer les boutons.

PORTEFEUILLE

L'OISEAU QUI ORNE CE SUPERBE PORTEFEUILLE DE SOIE BLEUE EST FINI AU POINT DROIT ET AU POINT AVANT. DES LAMELLES DE BOIS FLOTTÉ EN HARMONIE AVEC SON STYLE LUI CONFÈRENT UN RELIEF DE BON ALOI. LE CORDON DORÉ, LES FILS À BRODER MÉTALLISÉS ET LES PERLES FANTAISIE CONTRIBUENT À CRÉER UNE ŒUVRE QUI, UNE FOIS ACHEVÉE, SERA TOUT AUSSI PRÉCIEUSE QUE SON CONTENU.

1 Dessinez puis découpez une silhouette d'oiseau en carton. Pour l'extérieur du portefeuille : coupez un rectangle de soie de 45 cm x 15 cm. Pliez-le en trois et reportez les contours du patron sur le volet supérieur. Taillez le bois flotté en lamelles et disposez-les sur le patron en carton. Cousez les morceaux de bois au tissu avec un fil assorti.

2 Faites serpenter le cordon doré entre les morceaux de bois et cousez-le en place avec le fil à broder rouge. Cousez les perles. Brodez le bec au point droit et le bas de l'animal au point avant.

3 Pour la doublure : coupez un rectangle de soie de 45 cm x 15 cm. Pour rigidifier l'ouvrage : coupez un rectangle d'entoilage de 45 cm x 15 cm et deux rectangles de Vliesofix aux mêmes dimensions. Collez un rectangle de Vliesofix au fer chaud de chaque côté de l'entoilage. Ôtez les pellicules du Vliesofix, placez l'entoilage entre la soie brodée et la doublure et assemblez le tout au fer chaud.

4 Retournez le portefeuille et repassez le tissu autour du motif. Confectionnez une poche avec deux carrés de soie, un carré d'entoilage et deux carrés de Vliesofix de 15 cm de côté assemblés comme précédemment. Épinglez la poche à l'intérieur du portefeuille, à une extrémité, et faites le tour de l'ouvrage au point zigzag.

FOURNITURES ET MATÉRIEL

CRAYON • CARTON • CISEAUX • MÈTRE-RUBAN • CARRÉ DE SOIE BLEUE D'ENVIRON 50 CM DE CÔTÉ • CRAYON DE COUTURIÈRE • PETITS MORCEAUX DE BOIS FLOTTÉ • CUTTER • AIGUILLE • GROS FIL DE COTON • FIL DORÉ • AIGUILLE À BRODER • FIL À BRODER MÉTALLISÉ ROUGE, VIOLET ET ARGENTÉ • PERLES DE ROCAILLE ROUGES • GROSSE PERLE ROUGE • PERLE ARGENTÉE • PERLES TUBULAIRES DORÉES • PERLE EN FORME DE CŒUR • PERLE EN LAITON • ENTOILAGE RIGIDE • VLIESOFIX (INTISSÉ THERMOCOLLANT DOUBLE FACE) • FER À REPASSER • ÉPINGLES • MACHINE À COUDRE ET FIL

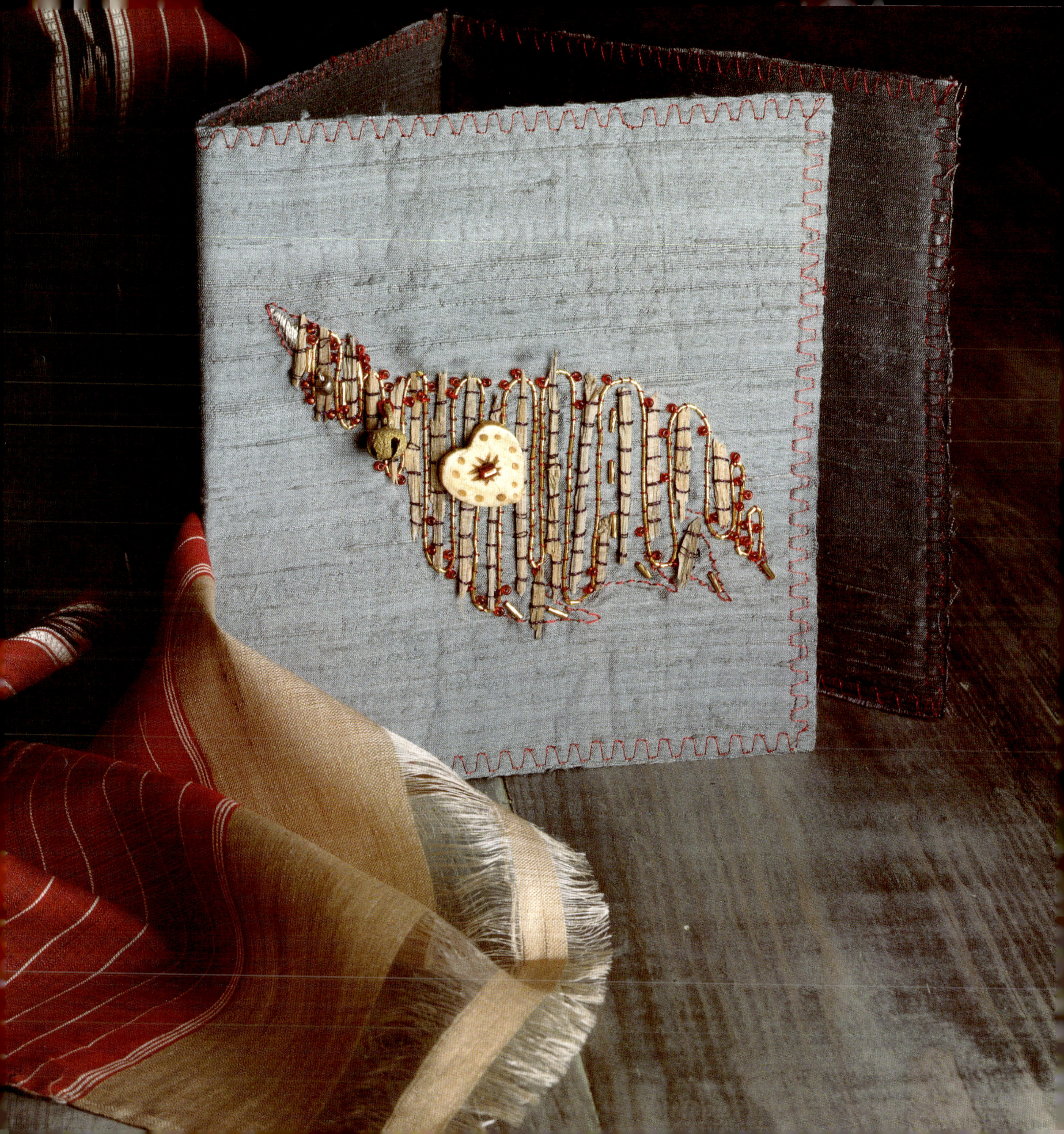

FABULEUX GANTS ROUGES

CES GANTS SONT COLORÉS AVEC UNE TEINTURE POUR CHAUSSURES PUIS ORNÉS D'UN MOTIF EN PETITES PERLES. LES PERLES ÉTANT COUSUES UNE PAR UNE, L'OUVRAGE EST FACILE À RÉALISER ET CONVIENDRA À UN DÉBUTANT. PRENEZ UNE AIGUILLE SOLIDE ET POINTUE POUR TRAVERSER LE CUIR À MOINS QUE VOUS N'OPTIEZ POUR DES GANTS EN TISSU. NE FAITES PAS TROP REMONTER LE MOTIF SUR LE GANT : PLUS IL COUVRIRA LE DOS DE LA MAIN, PLUS IL SERA DIFFICILE À COUDRE.

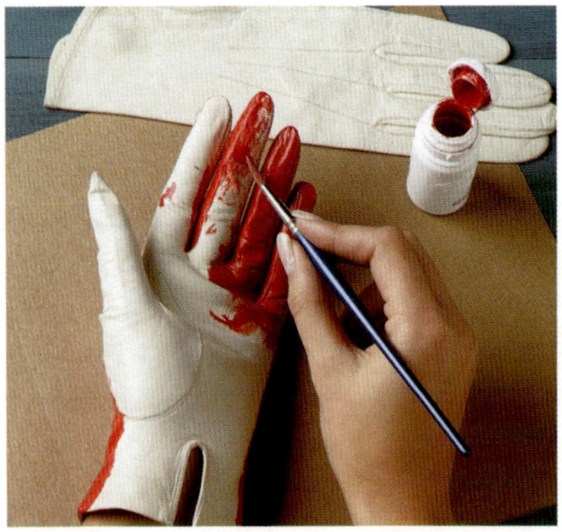

1 Enfilez les gants pour éviter qu'ils ne rétrécissent, peignez-les en rouge et laissez-les sécher.

2 Avec un crayon de couturière, dessinez un motif à main levée sur le dos de chaque gant en partant des poignets.

3 Avec du Nylon, cousez les perles vertes une à une au bord du dos de chaque gant.

4 Cousez également de perles vertes les courbes qui partent du poignet.

5 Ajoutez des perles rouges à intervalles réguliers, comme sur la photographie.

6 Cousez un motif en perles dorées puis remplissez-le de perles roses.

FOURNITURES ET MATÉRIEL

GANTS DE CUIR FIN • TEINTURE ROUGE POUR CUIR • PINCEAU • CRAYON DE COUTURIÈRE • PETITE AIGUILLE À CUIR • FIL DE NYLON • PERLES DE ROCAILLE VERTES, ROUGES, DORÉES ET ROSES

Diadème perlé

Ce magnifique diadème aux formes douces est orné de spirales en fausses perles naturelles de diverses tailles, cousues sur un support armé facile à fixer à un peigne ou à une barrette. Il serait parfait pour retenir le voile d'une mariée, les demoiselles d'honneur n'ayant quant à elles que l'embarras du choix entre des perles de diverses couleurs.

1 Faites un patron en carton en vous aidant du gabarit fourni page 94. Coupez-le deux fois dans l'entoilage.

2 Recourbez les extrémités du fil de modiste et cousez-le au dos d'un des morceaux d'entoilage, à 2 cm du bord droit.

3 En vous aidant du gabarit, marquez le centre de chaque spirale sur l'endroit de l'entoilage armé. Cousez la perle de 1 cm au centre de la spirale du milieu. Enfilez environ huit perles de 6 mm et suffisamment de perles de 4 mm pour finir la spirale, puis faites un nœud.

4 Appliquez la spirale à petits points en prenant le fil entre les perles. Faites les autres spirales de la même façon en remplaçant la perle de 1 cm par des perles de 8 mm. Finissez de recouvrir le diadème avec de petites perles.

5 Assemblez le dessus et la doublure à points glissés en ajoutant les perles en forme de larme.

6 Fixez le peigne au dos de l'ouvrage, près du bord droit.

Fournitures et matériel

Carton • Crayon • Cutter • Entoilage épais • Crayon de couturière • Ciseaux à broder • 17,5 cm de fil de modiste • Pince effilée • Aiguille à coudre • Fil • Aiguille à perles • Grande perle de 1 cm de diamètre • Perles moyennes de 6 mm • Petites perles de 4 mm • Quatre grandes perles de 8 mm • Perles en poire • Peigne en plastique

Coussins bordés de perles

Le coussin le plus simple sera métamorphosé par une bordure perlée. Les petites perles de verre permettent de réaliser des franges délicates alors que des perles plus grosses accrochent davantage le regard. Choisissez des perles qui tranchent ou au contraire se fondent dans le tissu. Commencez par mesurer vos coussins et prévoyez assez de tissu pour les coutures des housses.

1 Pour le coussin jaune : pour le dessus, coupez un morceau de velours de la taille du coussin carré plus 2 cm pour les coutures. Pour le dos, coupez deux rectangles de la même largeur sur les deux tiers d'un des côtés. Repassez et piquez un ourlet sur une des longueurs de chacun des dos. Posez les dos sur le devant, endroit contre endroit, en faisant se chevaucher les bords ourlés. Épinglez et piquez tout le tour à la machine. Retournez l'ouvrage.

2 Enfilez un fil double sur l'aiguille à perles. Fixez le fil dans la couture d'un des angles par quelques points. En allant de gauche à droite, enfilez deux perles blanches, une jaune et une cuivre. Repassez dans la jaune et prenez deux nouvelles perles blanches. Piquez dans la couture, 2 cm plus loin.

3 Faites un point serré puis enfilez une perle opaque bleue ou blanche et une perle cuivre. Repassez dans la perle opaque et repiquez dans le tissu.
Répétez l'opération tout autour du coussin.

Fournitures et matériel

Mètre-ruban • Coussin carré • Ciseaux • Velours jaune • Fer à repasser • Machine à coudre et fil • Épingles de couturière • Aiguille à perles • Fil • Perles blanches de verre de 5 mm • Perles opaques jaunes, blanches et bleues de 7 mm • Petites perles de verre cuivre • Coussin rectangulaire • Tissu à rayures • Crayon de couturière • Papier millimétré • Crayon • Perles jaunes à biseaux de 7 mm • Coussin rectangulaire • Velours rose • Petites perles de verre roses et jaunes • Perles de verre blanches de 5 mm • Perles de verre turquoise de 5 mm

4 Pour le coussin rayé à franges : coupez un morceau de tissu de la taille du coussin plus 2 cm en largeur et 20 en longueur. Pour le dos, coupez deux morceaux de la même largeur que le dessus sur les deux tiers de sa longueur. Repassez et piquez un rentré sur l'une des largeurs de chaque demi-dos. Posez les morceaux endroit contre endroit en faisant se chevaucher les bords ourlés. Épinglez et piquez les longueurs. Retournez le coussin et repassez-le sur l'endroit. Faites une couture serrée à 10 cm de chaque bord coupé. En partant des bords, enlevez soigneusement les fils jusqu'à la couture.

5 Reportez la longueur des franges sur du papier millimétré. Coupez un fil de 40 cm et enfilez-le en double sur une aiguille. Faites un nœud, piquez entre les deux premières rayures du tissu, faites passer l'aiguille dans la boucle formée par le fil et tirez.

6 Enfilez des perles roses et jaunes sur 9,5 cm de fil en vous repérant sur le papier millimétré. Prenez une perle à biseaux et terminez la frange par une petite perle jaune. Repassez dans la perle à biseaux, faites un nœud, remontez dans la frange et refaites un nœud. Tirez doucement sur la frange pour la tendre, coupez le fil et répétez pour les autres franges perlées.

7 Pour la bordure à claire-voie du coussin rose : confectionnez une housse en velours comme en 1. Tracez des repères tous les 1,5 cm sur deux côtés opposés.

8 Fixez le fil dans un angle par quelques points. Enfilez 2 cm de petites perles roses et jaunes, une perle blanche, 2 cm de petites perles roses et jaunes, une turquoise et une cuivre. Repassez dans la perle turquoise, enfilez 2 cm de perles roses ou jaunes, une grosse perle blanche et à nouveau 2 cm de perles roses ou jaunes. Piquez dans le tissu, au niveau du troisième repère. ▶

9 Faites un point arrière et ressortez au niveau du second repère. Enfilez 2 cm de perles roses ou jaunes puis passez dans la dernière perle blanche enfilée.

10 Prenez 2 cm de perles roses ou jaunes, une perle turquoise et une cuivre. Répétez tout autour du coussin.

TRAVERSIN DE VELOURS

LE FIL DE CUIVRE PERMET DE RÉALISER DES BORDURES ET DES FRANGES SOLIDES ET RENFORCE LES MOTIFS LES PLUS DÉLICATS. IL CONVIENT DONC PARFAITEMENT POUR L'AMEUBLEMENT. CE MAGNIFIQUE TRAVERSIN DE VELOURS EST ORNÉ DE VRILLES EN RELIEF EN PETITES PERLES DE VERRE CONTRASTÉES ENFILÉES SUR DU FIL DE CUIVRE PUIS COUSUES SUR LE TISSU. LE FIL DE CUIVRE SERT ICI À LA FOIS D'AIGUILLE ET DE FIL.

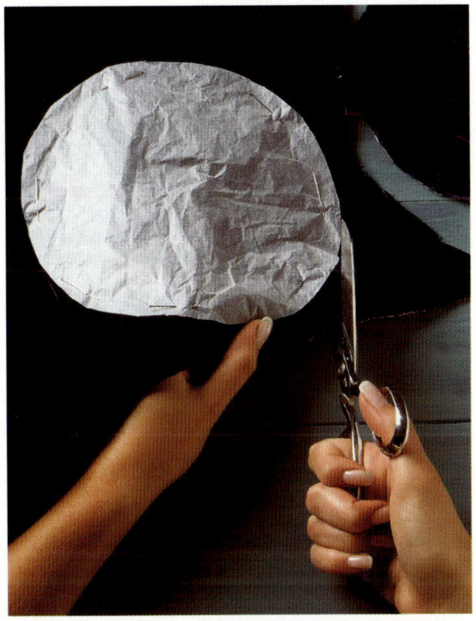

1 Mesurez le diamètre du traversin à une de ses extrémités. Divisez par deux. Ajoutez 1,5 cm pour la couture et tracez un cercle de ce rayon sur du papier. Servez-vous de ce patron pour couper deux cercles en velours.

2 Mesurez la longueur et la circonférence du traversin. Ajoutez 3 cm à chaque mesure puis coupez un morceau de velours gaufré à ces dimensions.

3 Nouez l'extrémité d'un morceau de fil de cuivre et faites-le sortir au centre d'un des cercles de velours. Enfilez des perles sur 10 cm puis piquez dans le velours, à 4 cm du point de départ, pour former une boucle. ▶

FOURNITURES ET MATÉRIEL

TRAVERSIN • MÈTRE-RUBAN • COMPAS • CRAYON ET PAPIER • CISEAUX • 50 CM X 100 CM DE VELOURS BLEU NUIT • FIL DE CUIVRE DE 0,2 MM DE DIAMÈTRE • PETITES PERLES DE VERRE ROUGES • AIGUILLE À COUDRE • FIL BLEU NUIT • MACHINE À COUDRE • ÉPINGLES DE COUTURIÈRE

4 Faites ressortir le fil à 5 cm de la première boucle et fabriquez une seconde boucle identique à la première. Confectionnez environ 20 boucles de la même façon en changeant de fil si besoin est. Arrêtez chaque fil par un nœud solide.

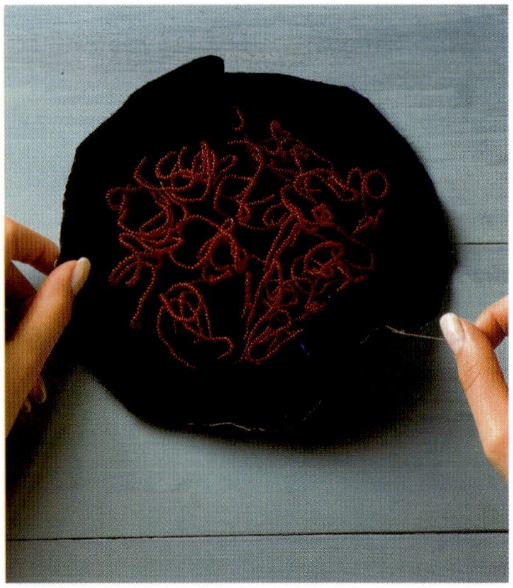

5 Recouvrez l'autre cercle de velours de la même manière. Bordez chaque cercle d'un fil de fronce.

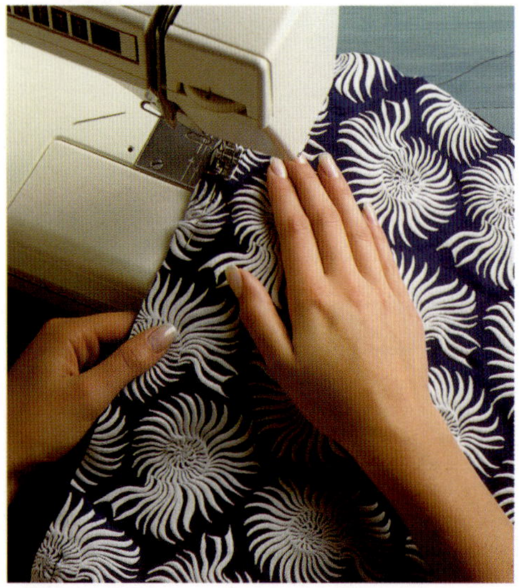

6 Pliez le rectangle de velours en deux, endroit contre endroit, et piquez à 1,5 cm des bords pour former un tube en laissant une ouverture suffisante pour introduire le traversin. Épinglez et piquez un cercle perlé à chaque extrémité du tube. Retournez l'ensemble.

7 Introduisez le traversin, épinglez et refermez l'ouverture à points glissés.

Ci-dessus : le traversin fini est aussi confortable qu'élégant.

Aumônière

Ce charmant petit sac de style ethnique est en tissu ikat traditionnel doublé de tissu uni. Les coulisses qui bordent l'ouvrage sont du même tissu que la doublure.

L'aumônière est matelassée au point avant puis bordée d'un motif dentelé en perles qui rappelle les lignes de son matelassage. C'est un modèle idéal pour les débutants.

1 Coupez deux carrés de 15 cm de côté dans le tissu ikat. Sur l'endroit du tissu, tracez les diagonales puis des traits parallèles à ces diagonales, tous les 2 cm.

2 Confectionnez un patron en carton en dessinant la forme de l'aumônière photographiée page 61. Coupez-le deux fois dans le tissu ikat. Pour la doublure, coupez deux rectangles de 16 cm x 20 cm dans le tissu uni. Bâtissez chaque côté du sac sur un morceau de doublure en plaçant le quadrillage sur l'endroit du travail. Repassez les lignes au point avant puis coupez le tissu uni qui dépasse.

3 Pour la coulisse, coupez deux morceaux de tissu uni de 7 cm x 12 cm. Pliez-les en deux dans le sens de la longueur et faites un pli de 1 cm sur chaque côté et repassez. Épinglez les coulisses au bord du sac comme sur la photographie et piquez-les à la machine.

▶

Fournitures et matériel

Ciseaux • 30 cm x 15 cm de tissu ikat indonésien ou de tissu fantaisie • Règle ou équerre • Crayon de couturière • Crayon et papier • Carton mince • Carré de 35 cm de côté de tissu uni de couleur vive • Fer à repasser • Épingles de couturière • Machine à coudre et fil • Aiguille et fil assorti à la doublure • Aiguille à perles • Fil à broder noir • Petites perles de verre noires et multicolores • 2 lacets noirs de 50 cm • 12 grosses perles à larges trous

4 Placez les deux côtés du sac endroit contre endroit. Épinglez et piquez à 1 cm des bords en laissant le haut ouvert.

5 Retournez l'ouvrage. Pliez les coulisses en deux et cousez à points glissés.

6 Enfilez le fil à broder sur une aiguille à perles et faites sortir l'aiguille sous la coulisse. Prenez sept perles noires et une perle de couleur puis repassez dans la dernière perle noire. Prenez six nouvelles perles noires et piquez dans le tissu, à 1 cm du point de départ. Répétez sur tout le bord.

7 Enfilez un lacet dans chaque coulisse. Placez trois grosses perles aux extrémités de chacun des lacets et faites un nœud. Nouez ensemble les extrémités des deux lacets.

CHAUSSONS D'ENFANT

UNE VAGUE DORÉE SCINTILLE SUR L'EMPEIGNE DE CES ADORABLES PETITS CHAUSSONS. LES PERLES N'ONT PAS ÉTÉ COUSUES SÉPARÉMENT MAIS ENFILÉES PUIS APPLIQUÉES EN RANGS SUR LE TISSU.

LES GABARITS FOURNIS PAGE 94 CORRESPONDENT AU PIED GAUCHE ET DOIVENT ÊTRE INVERSÉS POUR RÉALISER LE DROIT. UNE PHOTOCOPIEUSE VOUS PERMETTRA DE LES AGRANDIR À LA TAILLE DÉSIRÉE.

1 Agrandissez les gabarits de la page 94 jusqu'à la pointure voulue. Coupez quatre fois l'arrière du chausson dans le lainage bleu. Faites les coutures de milieu puis épinglez les morceaux envers contre envers et piquez au point zigzag les bords du haut et du bas. Piquez une ligne ondulante pour matelasser les pièces.

2 Pour le biais, pliez le carré de velours en diagonale par rapport au droit fil. Tracez deux lignes parallèles à 1,5 cm de part et d'autre du pli. Coupez le long de ces lignes. Épinglez le biais en haut de l'arrière du chausson, endroit contre endroit, alignez les bords. Cousez à 6 mm du bord, repliez le biais par-dessus le lainage, rentrez l'autre bord, cousez à points glissés.

3 Coupez et surfilez le dessus du chausson. Coupez la forme ondulée. Épinglez-la sur l'empeigne et piquez-en les bords au point zigzag.

4 Posez du biais en haut de l'empeigne en l'épinglant sur le tissu, endroit contre endroit, puis en le cousant à 6 mm du bord. Posez de la même manière 30 cm de biais à l'avant du chausson en alignant les milieux du biais et de l'empeigne. ▶

FOURNITURES ET MATÉRIEL

PAPIER ET CRAYON • CISEAUX • CARRÉ DE LAINAGE BLEU DE 50 CM DE CÔTÉ • MACHINE À COUDRE • FIL • CARRÉ DE VELOURS GRIS FONCÉ DE 30 CM DE CÔTÉ • CRAYON DE COUTURIÈRE • AIGUILLE À COUDRE ET FIL • ÉPINGLES DE COUTURIÈRE • AIGUILLE À PERLES • FIL DE LIN • PERLES TUBULAIRES DORÉES • CARRÉ DE LAINAGE GRIS DE 20 CM DE CÔTÉ • CARRÉ DE MOLLETON ACRYLIQUE DE 20 CM DE CÔTÉ

5 Fixez le fil à une extrémité de la bande ondulée. Enfilez suffisamment de perles pour recouvrir la couture au point zigzag et repiquez dans le tissu à l'autre extrémité de la bande.

6 Avec un deuxième fil, fixez le rang de perles sur l'empeigne en faisant des petits points entre les perles.

7 Couvrez la bande ondulée de rangs de perles parallèles au premier.

8 Pour chaque chausson, coupez une semelle en molleton et deux en lainage gris. Placez le molleton entre les deux morceaux de lainage et matelassez la semelle en piquant une ligne ondulée en son milieu. Faites le tour de la semelle au point zigzag.

9 Épinglez la semelle à l'arrière du chausson en alignant les milieux des deux pièces puis piquez à 6 mm du bord. Assemblez l'empeigne. Faites les coutures verticales des côtés. Posez sur l'arrière du chausson les extrémités du biais qui borde l'empeigne. Épinglez-les endroit contre endroit au tissu, cousez à 6 mm des bords, repliez-les et cousez-les sous la semelle à points glissés.

FLACON EN HABIT

Cet élégant collier est constitué de rangs cousus les uns aux autres (voir page 24.) Son motif ajouré comme de la dentelle semble relativement complexe au premier abord, mais est en fait très simple à réaliser. Chaque rang de perles est fixé régulièrement au précédent. Le nombre de perles augmente à chaque tour et le motif en nid d'abeille du collier suit naturellement la ligne du flacon.

1 Enfilez un nombre pair de perles vertes sur un long fil. Fermez par un nœud et placez le collier ainsi obtenu autour du col de la bouteille.

2 Pour le deuxième rang : repassez dans la première perle du premier rang. Prenez une perle rouge, sautez une perle verte et piquez dans la suivante. Continuez de cette façon. Commencez le rang 3 en repassant dans la première perle rouge.

3 Insérez une perle verte entre chaque perle rouge. Commencez le rang 4 en repassant dans la première perle verte du rang 3.

4 Pour le rang 4 : enfilez une perle ovale, une petite perle verte et une nouvelle perle ovale, puis passez dans la seconde perle verte du rang 3 pour former un feston.

▶

FOURNITURES ET MATÉRIEL

Aiguille à perles • Fil de lin • Perles de verre rondes vert clair de 4 mm de diamètre • Flacon en verre avec un bouchon de liège • Perles rouges à facettes de 5 mm de diamètre • Perles ovales vert vif de 5 mm de diamètre • Petites perles de verre argentées et violettes • 8 grosses perles en poire incrustées d'argent • Ciseaux • Épingles courtes

5 Pour le rang 5 : enfilez trois perles violettes, une vert clair, une rouge, une vert clair, six violettes, une vert clair, une rouge et une argentée. Repassez dans les perles rouge et vert clair puis prenez six nouvelles perles violettes, une vert clair, une rouge, une vert clair et trois violettes.

6 Passez dans la petite perle verte du rang 4. Répétez tout autour du flacon. Repassez dans la première perle vert clair du rang 4, puis dans les 3 perles vertes suivantes (1 ovale, 1 petite vert clair, 1 ovale), et ressortez dans la seconde perle vert clair.

7 Pour le rang 6: prenez trois perles violettes et une vert clair puis passez dans la perle rouge enfilée au rang précédent. Ajoutez une perle vert clair, neuf violettes, une vert clair, une grosse perle fantaisie, une vert clair et une argentée. Repassez l'aiguille dans les trois avant-dernières perles (vert clair, fantaisie et vert clair). Enfilez neuf perles violettes et une vert clair, passez dans la perle rouge du rang 5. Prenez une perle vert clair et trois violettes, passez dans la quatrième perle verte du rang 4. Répétez la même séquence en tendant légèrement le fil et fermez par un nœud. Repassez dans plusieurs perles et coupez le fil.

8 Enfilez des perles argentées et des rouges sur des épingles courtes et piquez-les autour du bouchon, en biais pour créer un effet d'évasement. Épinglez une perle argentée et une fantaisie au centre du bouchon.

Photophore

On peut confectionner un objet en relief avec des perles en enfilant ces dernières sur du fil de fer et en enroulant celui-ci sur une armature fabriquée autour d'un objet solide qui disparaîtra par la suite. Cette technique permet de réaliser toutes sortes de coupes. Ce photophore met en valeur des perles de verre bon marché. Ses douces nuances de gris, de blanc et d'or prennent vie à la lueur de la bougie.

1 Mesurez la hauteur et le diamètre du verre, multipliez par deux, ajoutez 10 cm et coupez deux fils de fer de 0,6 mm de diamètre. Torsadez ensemble leurs milieux et scotchez le « nœud » ainsi obtenu sous le verre. Maintenez les tiges le long du verre avec un élastique large. Recourbez les extrémités des fils à l'intérieur du verre.

2 Coupez deux morceaux d'environ 1 m de fil de cuivre de 0,2 mm de diamètre. Nouez leurs milieux au nœud centré sous le verre. Enroulez chaque fil autour d'une de vos mains pour éviter de les emmêler.

3 Enfilez les perles grises sur un long fil de fer doré de 0,6 mm de diamètre.

4 Avec une pince effilée, formez à l'extrémité du fil une spirale plate de 2 cm de diamètre puis cousez-la à l'armature avec les fils de fer fins.

5 Recouvrez le verre jusqu'à 1 cm du bord en fixant le fil perlé à l'armature avec les fils les plus fins. Enlevez l'élastique.

6 Pour faire un bord évasé, écartez l'armature du verre et continuez avec des perles blanches. Faites le dernier tour en perles dorées. Dépliez les crochets du haut de l'armature. Ôtez le verre. Fixez l'extrémité du fil perlé à l'armature à l'aide du fil fin, coupez et recourbez les fils vers l'intérieur.

Fournitures et matériel

Pince coupante • Fil de fer doré de 0,6 mm • Verre • Ruban adhésif • Élastique large • Fil de fer doré de 0,2 mm de large • Pince effilée • Perles de verre grises, blanches et dorées de 4 mm de diamètre

Napperon pour pot à lait

Les ouvrages associant broderie anglaise et perles sont fréquents, les perles soulignant le motif délicat de la dentelle. Les lourdes perles de verre offrent à la mousseline le poids qui lui manque pour tomber avec grâce. Vous réaliserez un napperon plus grand pour protéger vos cruches de limonade ou de cidre en été. La même technique peut servir à alourdir des rideaux en mousseline ou à border une étagère.

1 Tracez un cercle sur de la mousseline en vous aidant d'une soucoupe. Coupez à 1,5 cm du trait et bâtissez l'ourlet.

2 Passez un fil de fronce au bord de la dentelle et froncez jusqu'à ce qu'elle soit de la taille du cercle de mousseline. Cousez la dentelle à points glissés au bord du napperon. Coupez le tissu près de la couture.

3 Avec un fil de lin, cousez un rang de perles au bord du tissu en alternant les claires et les foncées.

4 Nouez le fil entre deux festons de la broderie anglaise. Enfilez deux perles roses, une ovale, une rose, deux vert foncé, trois vert clair, cinq blanches, une vénitienne, cinq blanches, trois vert clair, deux vert foncé, une rose, une ovale et deux roses.

5 Piquez entre les deux festons suivants et repassez dans les deux perles roses et la perle ovale pour former un arceau. Continuez de la même façon sur tout le tour. Soulignez le délicat motif floral de la dentelle avec de petites fleurs en perles en enfilant deux fois quatre perles roses en guise de pétales et une perle verte en guise de pistil.

Fournitures et matériel

Crayon de couturière • Petite soucoupe • Carré d'environ 20 cm de côté de mousseline pouvant contenir la soucoupe • Ciseaux • Aiguille fine • Fil • 50 cm de galon en broderie anglaise • Fil de lin • Petites perles de verre de 2 mm de diamètre : vert clair, vert foncé, blanches et roses • Perles ovales vertes • Perles vénitiennes blanches de 5 mm de diamètre

Album photo brodé

Ce modèle résolument moderne remet au goût du jour un style de broderie traditionnelle. Les perles scintillantes ressortent sur le fond de laine mate. Cette méthode était très utilisée au XIXe siècle pour décorer les couvre-théières, les coussins et les housses de chaises. Choisissez un papier épais noir pour un album photo et un papier crème ou blanc plus léger si vous souhaitez réaliser un journal intime.

1 Brodez le fond du motif en demi-point : avec une aiguillée de laine à broder enfilée en double et terminée par un nœud, piquez dans le canevas et ressortez 2 cm plus loin. Formez chaque point en piquant en biais vers le bas et en ressortant juste au-dessus.

2 Faites quelques points en prenant le bout de la laine sur l'envers puis coupez le nœud.

3 Travaillez les rangs suivants selon le diagramme de la page 94. Laissez un large bord autour du motif et ne brodez pas les emplacements réservés aux perles. Mélangez les différents verts comme sur la photographie.

▶

Fournitures et matériel

Laine à broder dans différents tons de vert • Aiguille à broder • Canevas de 48 cm x 34 cm ayant 4 points au cm^2 • Ciseaux à broder • Aiguille à perles • Fil de lin • Petites perles de verre de 2 mm de diamètre : cuivre, bleu pâle, dorées, argentées et noires • Cutter et règle • Carton • Toile contrecollée sur du papier • Colle à papier • Ruban adhésif • Papier noir ou blanc • Pince emporte-pièce • Deux vis à relier en laiton

4 Avec le fil de lin et l'aiguille à perles, cousez les perles une à une perpendiculairement au point de broderie pour que les perles et les demi-points en laine penchent du même côté.

5 Faites deux nœuds sur l'envers toutes les quatre ou cinq perles pour consolider.

6 Répartissez les différentes couleurs en vous aidant du modèle présenté.

7 Coupez deux rectangles de carton de la taille de la broderie plus 10 cm en longueur. Tracez sur chacun une ligne à 10 cm du bord d'une des largeurs. Pour le dos de l'album : coupez un morceau de toile de la taille du carton plus 2 cm de chaque côté et égalisez ses angles. Collez le carton sur la toile. Pliez les bords et collez-les. Pour la doublure : coupez un morceau de toile de reliure de la taille du carton et collez-le à l'intérieur de la couverture.

8 Posez la broderie sur le deuxième carton en alignant leurs bords à droite. Scotchez les bords du canevas sur l'envers du carton et le bord gauche de la broderie sur l'endroit du carton. Coupez un morceau de toile de 12 cm sur la largeur du carton plus 4 cm. Collez-le au bord de la broderie. Pliez les bords du canevas et collez-les sur l'envers. Doublez comme précédemment.

9 Coupez 40 feuilles de papier mesurant 1 cm de moins de chaque côté que la couverture. Marquez l'emplacement des trous puis percez-les avec la pince emporte-pièce. Assemblez l'album avec les vis à relier.

Lustre en spirale

Ce lustre moderne rappelle les lustres anciens en verre. Il est constitué de pendeloques de verre coloré suspendues à deux simples spirales en fil de fer.

Les spirales sont accrochées au plafond par un solide fil de pêche. Il sera particulièrement à son avantage devant une fenêtre ou autour d'une ampoule dont la lumière filtrera à travers les perles.

1 Faites deux spirales avec deux morceaux de 120 cm de fer épais.

2 Avec la pince à bijoux, recourbez les extrémités des fils.

3 Assemblez les deux spirales en les emboîtant l'une dans l'autre. ▶

Fournitures et matériel

Pince coupante • 250 cm de fil de fer de 2 mm de diamètre • Pince à bijoux • Fil de fer de 0,2 mm de diamètre • Perles rondes ou à facettes en verre et en plastique • Petites perles de verre • Perles tubulaires longues de 4 mm

4 Pour une pendeloque : enfilez un morceau de fil de fer fin dans une grosse perle ronde puis dans une perle de verre. Repassez dans la grosse perle et torsadez le fil.

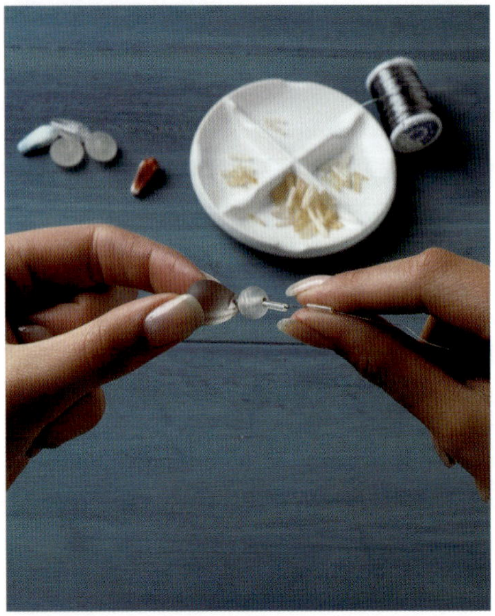

5 Enfilez quelques perles tubulaires puis torsadez le fil de fer pour former une tige. Fabriquez une trentaine de pendeloques en variant les combinaisons de perles.

6 Recourbez l'extrémité des tiges pour former des crochets.

7 Suspendez les pendeloques à intervalles réguliers sur l'armature du lustre.

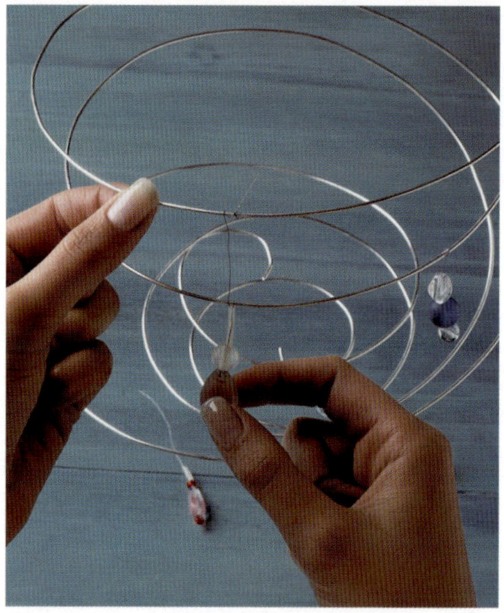

8 Maintenez l'écartement des anneaux des spirales en fixant certaines pendeloques aux deux spirales.

9 Terminez en enfilant des perles aux extrémités des spirales.

Cadre fleuri

Le fil de cuivre permet de réaliser des accessoires en relief à la fois très fins et extrêmement solides. Au XIXe siècle, les dames s'en servaient pour orner leurs corsages, leurs diadèmes et leurs broches de fleurs et de feuilles. En mélangeant des perles de diverses couleurs et en remplaçant les perles opaques par des perles translucides, vous vous rapprocherez des nuances délicates de la nature.

1 Pour les feuilles, coupez 22 cm de fil de cuivre de 0,4 mm de diamètre. Recourbez une extrémité pour arrêter les perles. Mélangez quelques perles roses avec des perles jaunes. Pliez le fil en deux, enfilez 18 perles et placez-les près du pli. Recourbez la section perlée pour former une boucle.

2 Enroulez le fil qui a servi à former la feuille autour de l'autre sur 5 cm puis formez une nouvelle boucle de 18 perles. Tournez autour de la tige puis faites une deuxième boucle à la même hauteur. Continuez en fabriquant deux autres paires de feuilles sur la tige et terminez en enroulant le fil autour de cette dernière.

3 Recouvrez la tige avec un fil de soie.

Fournitures et matériel

Pince coupante • Fil de cuivre de 0,4 mm de diamètre • Pince à bijoux • Petites perles de verre blanches, roses et jaunes • Fil de soie • Perceuse et mèche fine • Cadre en bois • Lunettes de protection • Fil de cuivre de 0,2 mm de diamètre

4 Coupez des morceaux de fil de 40 cm pour les petites fleurs et de 50 cm pour les grandes. Formez un petit anneau avec les 10 premiers centimètres de fil. Tordez le fil en forme de pétale. Enfilez 24 perles pour une petite fleur et 30 pour une grande.

5 Formez un pétale en enroulant le fil autour de l'anneau du début.

6 Pour doubler le pétale : enfilez 16 perles pour une petite fleur et 24 perles pour une grande, puis fixez le fil en haut du premier pétale.

7 Complétez le pétale et entortillez le fil autour de l'anneau. Répartissez quatre autres pétales autour de l'anneau.

8 Pour le pistil, enfilez 12 perles jaunes et formez une spirale, puis piquez dans le centre et enroulez le fil autour de la tige.

9 Percez le cadre aux endroits où vous désirez placer les fleurs.

▶

10 Introduisez les tiges dans les trous du cadre et faites des nœuds sur l'envers.

11 Coupez le surplus de fil. Fixez les nœuds sur l'envers à l'aide de fil de fer fin.

RIDEAU DE PERLES

CET HABILLAGE DE FENÊTRE EXOTIQUE MET EN VALEUR DE SPLENDIDES PERLES INDIENNES. EN LES TRAVERSANT, LA LUMIÈRE SOULIGNE LEURS COULEURS ET LEURS MOTIFS EN FILIGRANE. TOUTES LES PERLES ÉTANT EN VERRE, L'ENSEMBLE EST LOURD, ET IL EST IMPORTANT DE CONSOLIDER RÉGULIÈREMENT LES FRANGES PAR DES NŒUDS. LE RIDEAU N'A PAS BESOIN DE DESCENDRE JUSQU'AU BAS DE LA FENÊTRE, IL PEUT S'ARRÊTER AUX TROIS QUARTS DE SA HAUTEUR SANS RIEN PERDRE DE SA BEAUTÉ. VOUS POURREZ ADAPTER CE MODÈLE À UNE PORTE EN REMPLAÇANT LES PERLES DE VERRE PAR DES PERLES DE PLASTIQUE POUR PLUS DE SÉCURITÉ.

1 Coupez la baguette à la largeur du rideau. Percez des trous tous les 2,5 cm à 2,5 cm du haut de la baguette.

2 Pour chaque trou, coupez un morceau de fil de pêche du double de la longueur du rideau plus 60 cm. Passez les deux extrémités de chaque fil dans un trou puis dans la boucle formée par le fil et tirez. Essayez de ne pas emmêler les fils.

3 Enfilez les perles suivantes sur les fils doubles en partant de la gauche : (1er fil) huit perles bleues et une indienne, (2e fil) 12 perles bleues et une indienne, (3e fil) 16 perles bleues et une indienne, (4e fil) 12 perles bleues et une indienne. Répétez des fils 1 à 4 jusqu'au bout.

4 Reprenez à gauche et enfilez sur chaque frange 16 perles bleues et une indienne. Au tour suivant, ajoutez à chacune 12 perles bleues et une indienne. Au suivant, huit bleues et une indienne.

5 Au cinquième tour, enfilez sur chaque fil quatre perles bleues, une verte, deux bleues, une verte, une bleue, une verte, une bleue, 12 vertes et une indienne.

6 Au sixième tour, prenez 20 perles vertes et une indienne. Sur un fil sur quatre, ajoutez trois perles vertes et un pendentif puis faites remonter le fil dans la frange en faisant un nœud sous chaque perle indienne. Sur les autres franges : ajoutez une perle verte puis repassez dans les perles jusqu'à l'avant-dernière en nouant le fil à plusieurs reprises.

FOURNITURES ET MATÉRIEL

MÈTRE-RUBAN • SCIE • BAGUETTE DE BOIS D'AU MOINS 5 CM DE LARGE • CRAYON • PERCEUSE ET MÈCHE FINE • FIL DE PÊCHE • CISEAUX • PERLES OVALES BLEUES DE 5 MM DE DIAMÈTRE • PERLES INDIENNES • PERLES OVALES VERTES DE 5 MM DE DIAMÈTRE • GRANDS PENDENTIFS EN VERRE

Cascade argentée

Ce paravent translucide étonnamment moderne semble ruisseler de gouttelettes scintillantes. L'illusion est créée en enfilant des perles de cristal transparentes sur un fil à broder argenté. Le mélange de perles de différentes tailles renforce l'effet de relief. Le fil à broder spécial machine ne nécessite pas d'aiguille à perles. Le modèle présenté est constitué de trois panneaux articulés.

1 Pour chaque panneau, sciez deux tasseaux de 140 cm et deux de 40 cm. Poncez soigneusement.

2 Formez un cadre en plaçant les tasseaux les plus courts entre les plus longs. Posez les équerres dans les angles et marquez l'emplacement des vis au crayon. Percez les trous avec la mèche appropriée. Vissez les équerres.

3 Passez deux couches de peinture mate sur les tasseaux et deux couches de peinture argentée sur les sphères. Laissez sécher.

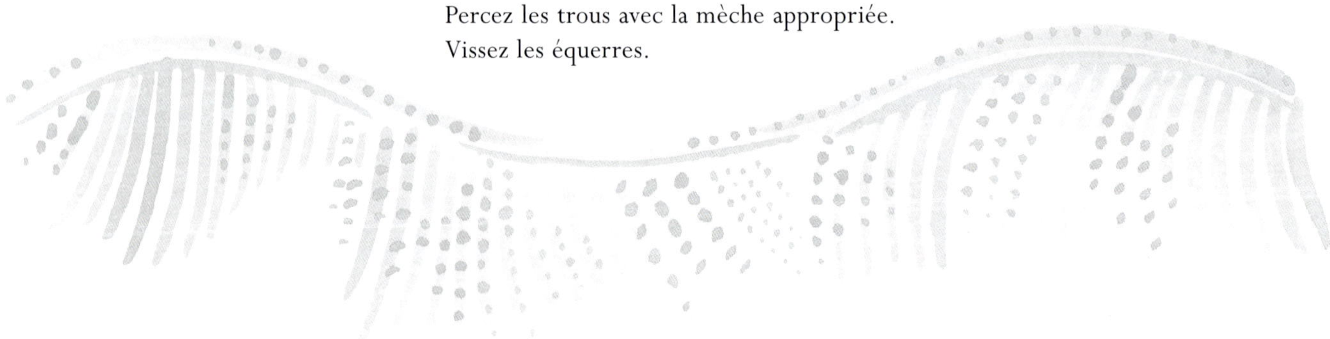

Fournitures et matériel

Scie • Tasseau de 11 m de long sur 5 cm x 5 cm • Papier de verre et poncette • 12 équerres et leurs vis • Perceuse et mèches • Tournevis • Pinceau • Peinture mate blanche • 12 boules de bois de 7 cm de diamètre • Peinture argentée • Marteau • Longs clous • Tube en plastique de 1 cm de diamètre • 6 charnières • 12 vis • Chevilles en bois de 5 cm de long • Perles de cristal en plastique transparentes de différentes tailles • 2 bobines de fil à broder spécial machine argenté • Petites perles de verre argentées • Ciseaux

4 Plantez un clou à l'intérieur du cadre sur chacun des montants à 3 cm de chaque angle.

5 Pour chaque panneau, coupez deux morceaux de tube en plastique de 45 cm et emboîtez-les sur les clous.

6 Marquez l'emplacement des charnières sur les côtés des montants, à 30 cm du haut et du bas. Vérifiez que le paravent peut se plier. Vissez les charnières.

7 Marquez l'emplacement des sphères sur et sous les montants. Percez le cadre et les sphères avec une mèche du diamètre des chevilles puis assemblez-les à l'aide de ces dernières.

8 Enfilez les perles dans n'importe quel ordre directement sur l'une des bobines de fil. Espacez les groupes de perles de 10 à 30 cm en faisant un nœud après chacun d'entre eux.

9 Enfilez les perles en plastique en repassant dans le même sens dans une même perle. Groupez les petites perles par trois ou plus. Arrêtez le fil par un nœud et coupez.

▶

10 Nouez l'extrémité de l'autre bobine au tube du bas du premier panneau. Faites passer la bobine au-dessus du tube du haut puis sous celui du bas. Remplissez tout le panneau de cette façon.

11 Enroulez le fil perlé de la même façon. Répétez pour les autres panneaux.

ABAT-JOUR À FRANGES

LES PERLES DE VERRE NE SONT JAMAIS AUSSI BELLES QUE LORSQU'ELLES SONT TRAVERSÉES PAR LA LUMIÈRE. MÊME UN ABAT-JOUR ORDINAIRE EN PAPIER UNI PEUT DEVENIR SPLENDIDE GRÂCE À DE LONGUES FRANGES DE PERLES. ICI, L'ABAT-JOUR EST PEINT À LA MAIN PUIS BORDÉ DE FRANGES DE LA COULEUR DES RAYURES SUR LESQUELLES ELLES SONT ACCROCHÉES. LE PAPIER MILLIMÉTRÉ EST IMPORTANT POUR RÉALISER DES FRANGES DE MÊME LONGUEUR.

1 Peignez sur l'abat-jour des bandes verticales de différentes largeurs et laissez sécher.

2 Avec une aiguille pointue, percez une série de petits trous tous les 5 mm juste au-dessus du bord inférieur.

3 Coupez un fil jaune du double de la longueur de la frange désirée plus 25 cm et enfilez ses extrémités dans l'aiguille à perles. Piquez dans un des trous puis passez dans la boucle formée par le fil et tirez.

4 Indiquez sur le papier millimétré les changements de couleurs. Enfilez 11 cm de perles jaunes, une perle violette, une jaune, une violette et une jaune. Prenez une perle tubulaire puis alternez cinq perles jaunes et quatre violettes. (Une fois sur deux, ajoutez deux perles de chaque couleur.) Ajoutez trois perles jaunes.

5 Enfilez une poire violette puis trois perles jaunes. Faites un nœud au-dessus des trois perles jaunes enfilées avant la poire et tendez le fil pour qu'il ne soit nulle part visible, puis repassez dans la frange.

6 Faites un nœud en dessous et au-dessus du tube et tirez doucement pour tendre la frange. Bordez tout l'abat-jour de la même façon. Pour les franges accrochées aux rayures blanches, utilisez du fil blanc et remplacez les perles jaunes par des blanches translucides.

FOURNITURES ET MATÉRIEL

MARQUEUR JAUNE À L'HUILE • ABAT-JOUR TAMBOUR BLANC • MÈTRE-RUBAN • AIGUILLE À COUDRE POINTUE • CISEAUX • FILS DE LIN BLANC ET JAUNE • AIGUILLE À PERLES • CRAYON • PAPIER MILLIMÉTRÉ • PETITES PERLES DE VERRE JAUNES, VIOLETTES ET BLANCHES TRANSLUCIDES • PERLES TUBULAIRES DE 4 CM • PERLES EN POIRE VIOLETTES

POMPONS EN PERLES

CES POMPONS AUX COULEURS VIVES S'INSPIRENT D'OBJETS ETHNIQUES. COUSUS AUX BOUTS D'UN TRAVERSIN OU AUX COINS D'UN COUSSIN, ILS DONNERONT UNE TOUCHE ORIGINALE À VOTRE INTÉRIEUR. SI VOUS DÉSIREZ UN RÉSULTAT PLUS SOPHISTIQUÉ, OPTEZ POUR DES PERLES TRANSLUCIDES OU MÉTALLISÉES. LES DEUX PREMIERS MODÈLES ONT DES « TÊTES » ENVELOPPÉES TRADITIONNELLES, ALORS QUE LE TROISIÈME EST SURMONTÉ D'UNE GROSSE PERLE.

1 Pour le modèle turquoise et rouge : coupez 25 cm de ruban. Sur le papier millimétré, marquez la longueur des franges et les changements de couleurs. Enfilez le fil sur l'aiguille à perles et fixez-le à un bout du ruban, puis enfilez les perles de la façon suivante : 18 petites turquoise, huit rouges, une grande et une petite turquoise.

2 Servez-vous de la dernière perle enfilée pour arrêtez les autres et repassez dans la frange. Piquez dans le ruban et faites un nœud sur le côté du tissu. Répétez tout le long du ruban.

3 Enroulez le ruban et fixez le pompon par quelques points.

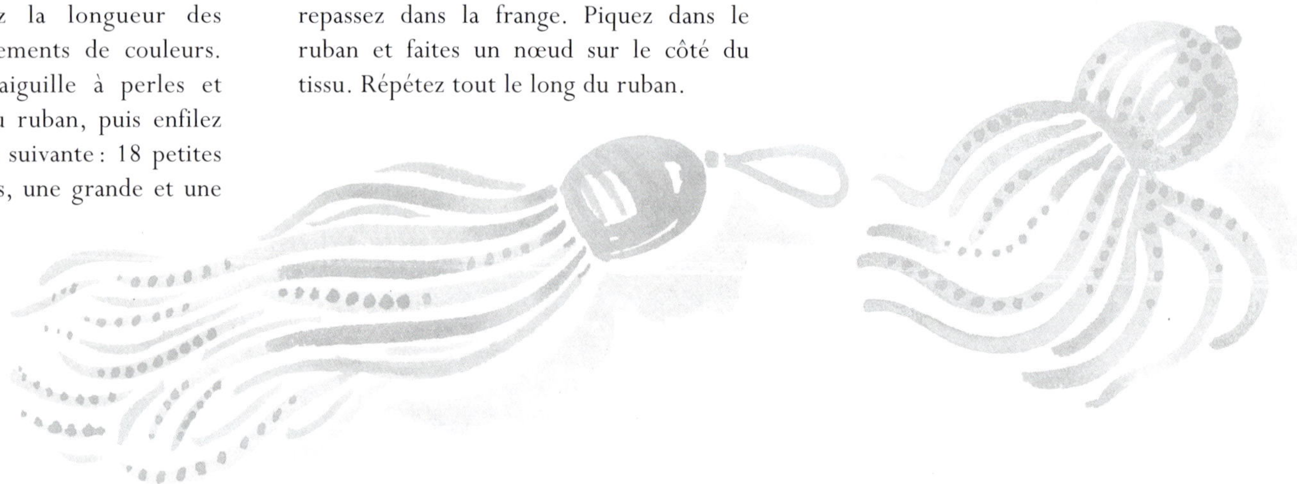

FOURNITURES ET MATÉRIEL

CISEAUX • RUBAN EN TISSU • CRAYON • PAPIER MILLIMÉTRÉ • AIGUILLE À PERLES • FIL DE LIN • PETITES PERLES DE VERRE TURQUOISE ET ROUGES • GRANDES PERLES TURQUOISE • AIGUILLE ET FIL • FIL À BRODER TURQUOISE • PERLE EN CRISTAL ROUGE DE TAILLE MOYENNE • PETITES PERLES DE VERRE BLANCHES ET VERT CLAIR • 2 GROSSES PERLES ORANGE • PETITES PERLES DE VERRE VERT FONCÉ • 2 PERLES VERT CLAIR DE TAILLE MOYENNE

4 Entourez la tête du pompon de fil à broder serré et fixez solidement.

5 Faites quelques points en haut de la « jupe » avec une aiguille à perles et du fil de lin. Enfilez 15 perles turquoise, piquez dans le haut de la tête et ressortez en dessous. Repassez dans la première perle, prenez-en deux de moins (soit 13), plaquez-les sur la « tête » et repassez dans la perle du haut. Traversez la tête de haut en bas et répétez jusqu'à ce qu'elle soit recouverte. Repiquez en haut, prenez une perle rouges, puis 20 turquoise, et formez une boucle en repassant dans la perle rouge. Terminez par un nœud.

6 Pour le modèle bouclé vert et blanc : dessinez les rayures sur le papier millimétré. Coupez 25 cm de ruban et fixez-y le fil comme en 1. Enfilez 13 perles blanches, 7 vertes, 24 blanches, 7 vertes et 13 blanches.

7 Repiquez dans le ruban au point de départ de la frange pour former une boucle. Nouez puis faites un point le long du ruban. Répétez de la même façon tout le long du ruban. ▶

Ci-dessous : les pompons en perles ajoutent une touche décorative aux bijoux ou à votre intérieur.

8 Répétez les étapes 3 à 5 pour recouvrir la « tête » du pompon puis cousez une grosse perle rouge au sommet de l'ouvrage.

9 Pour le modèle vert et orange : marquez la longueur des franges sur le papier millimétré. Prenez une aiguillée du double de la longueur désirée et enfilez dessus quatre perles vert clair. Repassez dans les trois avant-dernières perles en vous servant de la dernière pour bloquer les autres. Prenez environ 20 perles vert clair, 40 vert foncé et 24 vert clair selon la longueur désirée. Repassez dans l'avant-dernière perle enfilée puis dans la frange en nouant le fil de-ci de-là. Confectionnez huit autres franges identiques.

10 Enfilez un fil double en introduisant ses deux extrémités dans l'aiguille. Pliez les franges en deux et assemblez leurs milieux avec ce nouveau fil. Passez dans une grosse perle orange. Enfilez 1 perle en cristal vert clair, 17 petites perles vert clair, 1 cristal vert clair, 1 petite perle verte, repiquez dans la dernière perle en cristal, enfilez 17 perles vert clair et repiquez dans la première perle en cristal et dans la perle orange. Arrêtez le travail par un nœud.

Modèles

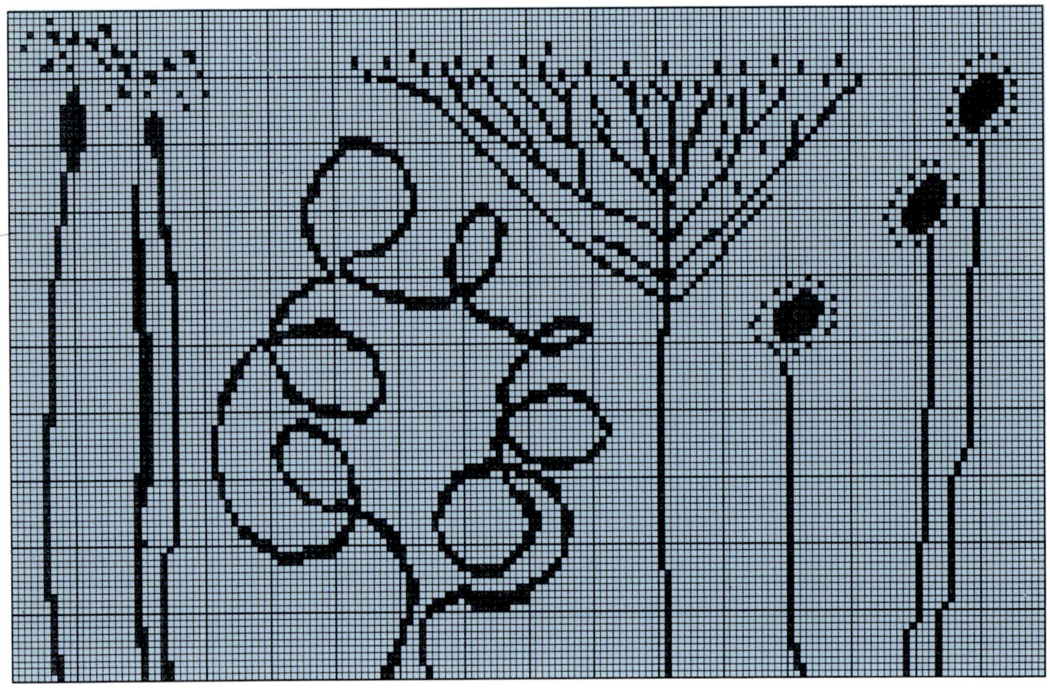

Croquis de la broderie pour l'album photo

Chaussons d'enfant

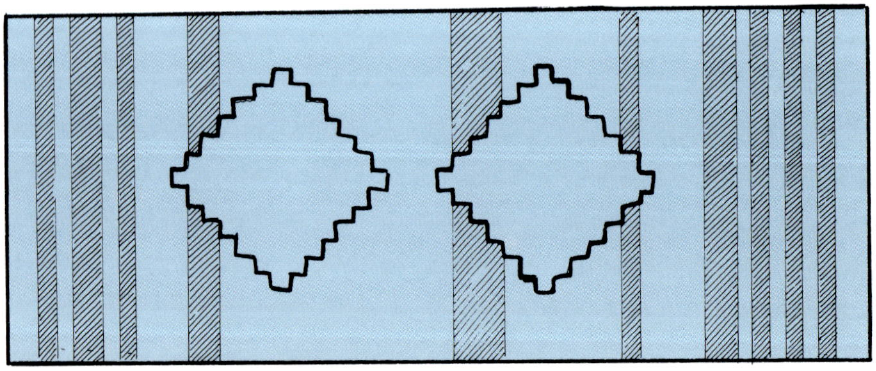

Bracelet tissé

Diadème perlé

ADRESSES UTILES

Vente par correspondance :

COUSINES ET COMPAGNIE
(perles pour broderie)
12, place des Puits-Clos
31000 Toulouse
Tél. : 05 61 29 82 92

ENTRÉE DES FOURNISSEURS
(Boutique et VPC)
8, rue des Francs-Bourgeois
75003 Paris
Tél. : 01 48 87 58 98

TROIS SUISSES DORÉMI-CADO
(VPC d'articles de loisirs créatifs)
Trois Suisses, service commande
59345 Croix
Tél. : 08 36 67 15 00

ROUGIER ET PLÉ
(Outillage et fournitures pour artisanat d'art et loisirs créatifs)
BP 492 - 91164 Longjumeau Cedex
Tél. : 01 64 54 70 00

Boutiques :

LA BOÎTE À PERLES
194, rue Saint-Denis
75002 Paris
Tél. : 01 42 33 51 55

MATIÈRE PREMIÈRE
89, rue de Seine
75006 Paris
Tél. : 01 44 07 39 07

LA DROGUERIE
9, rue du Jour
75001 Paris
Tél. : 01 45 08 93 27

LA DROGUERIE
24, rue de la Fosse
44000 Nantes
Tél. : 02 51 82 45 70

LA DROGUERIE
50, rue de Basse
59800 Lille
Tél. : 03 20 55 36 80

LA DROGUERIE
12, rue de la Monnaie
69002 Lyon
Tél. : 04 78 42 37 71

LA DROGUERIE
20, place Roger-Salengro
31000 Toulouse
Tél. : 05 61 22 91 84

AUX DOIGTS DE FÉE
62, rue Charles-de-Gaulle
42300 Roanne
Tél. : 04 77 72 72 79

REMERCIEMENTS

L'auteur tient à remercier les personnes suivantes pour les splendides créations présentées dans cet ouvrage : Victoria Brown (diadème perlé) ; Judy Clayton (boucles d'oreilles et portefeuille) ; Lucinda Ganderton (collier vénitien, aumônière et napperon pour pot à lait) ; Daniella Zimmerman (gants peints, traversin en velours gaufré, lustre en spirale et cascade argentée).

Merci aussi à Peter Williams pour son infinie patience et sa grande gentillesse.

PHOTOGRAPHIES

L'éditeur tient à remercier pour avoir autorisé la publication des photographies suivantes : Christies'Images : page 8, ceinture perlée d'Indiens d'Amérique du Nord ; page 9, gants en chevreau blanc brodés d'argent et de sequins ; The Embroiderers' Guild : page 10, gilets brodés en laine du XIXe siècle photographiés par Julia Hedgecoe ; page 11, échantillons et empeigne de chaussons brodés photographiés par J. Hedgecoe ; la robe imprimée en soie présentée page 11 est reproduite avec l'aimable autorisation des responsables du Victoria and Albert Museum à Londres.

INDEX